传统体育文化的传承与发展研究

何继伟 著

吉林出版集团股份有限公司

图书在版编目（CIP）数据

传统体育文化的传承与发展研究 / 何继伟著. -- 长春 : 吉林出版集团股份有限公司, 2022.6
ISBN 978-7-5731-1619-2

Ⅰ. ①传… Ⅱ. ①何… Ⅲ. ①民族形式体育－体育文化－研究－中国 Ⅳ. ①G852.9

中国版本图书馆CIP数据核字(2022)第110854号

传统体育文化的传承与发展研究
CHUANTONG TIYU WENHUA DE CHUANCHENG YU FAZHAN YANJIU

出 版 人/吴 强
著　　者/何继伟
责任编辑/蔡宏浩
责任校对/朱 进
封面设计/海图航轩
开　　本/787mm×1092mm 1/16
字　　数/150千字
印　　张/9.75
版　　次/2022年6月第 1 版
印　　次/2022年6月第 1 次印刷

出　　版/吉林出版集团股份有限公司
发　　行/吉林音像出版社有限责任公司
地　　址/长春市福祉大路5788号
电　　话/0431-81629667
印　　刷/三河市嵩川印刷有限公司

ISBN 978-7-5731-1619-2　　　　定 价：49.80元

前言

从社会历史的发展来看，传统文化的传承与发展，往往都是从学校教育着手。学校教育作为传递文化知识的主要场所，应该为传统文化的传承开辟一条重要途径，现已在实践检验中得到了进一步的印证。传统体育文化大多具有教育性、健身性、娱乐性、休闲性以及技术简单易学等特征，符合学生年龄特点，便于教学实施与开展，丰富了课堂教学，并且符合国家地方课程的实际以及不同学校不同学生的需要。由此，传统体育融入体育课堂进行教学活动是当代学校教育发展的新任务，是传统体育文化走向规范化、科学化、普及化的必由之路。

继承与弘扬优秀的传统文化，是学校教育的永恒主题、是文化传播的重要组成部分。学校开展传统体育教育，不仅可以充实学校体育的教育体系，能有效地增强学生体质、提高学生身心健康水平，还能弘扬我国文化建设、培养学生的爱国情怀。

传统体育是一个国家的历史积淀，是文化的传承和优秀成果，而学校是传承文化、培养体育文化的摇篮，对我国历史文化传承具有重要作用。将传统体育项目引进课堂，不仅有助于传统文化的传承，更对发展我国的体育事业具有深远意义，本文从传统体育文化的基础理论入手，通过阐述传统体育项目以及校园的体育文化，来分析传统体育文化的融入和发展，最后对传统体育文化传承与非物质文化遗产保护进行思考分析。

不管时代如何变化，传统体育文化精神都影响着一代又一代人的思想和观念，并以其绚丽多姿的形态呈现在人们面前，充满了生机和活力。随着社会的不断进步，文化的不断整合，中华传统体育文化将会以新的姿态和精神向世界进行展示，为世界体育文化的发展贡献出一份力量！

目 录

第一章 传统体育文化概述

第一节 传统体育文化的内涵与特质

一、传统体育的定义

迄今为止，很多专家和学者对传统体育文化进行了深入的研究，包括范围非常广泛，例如从法律角度、从知识产权角度、从非物质遗产角度、从教育角度等都进行了深入的探讨和研究，而且不仅于此，他们还对乡土人情、自然开发、环境保护、生产生活等方面有所涉及。经过多年的研究积累，传统体育文化方面已经取得了一定的成果，有了一些较为完善的理论和定义，但是对传统体育的定义还是不够完善和准确，内容比较含糊。

任何理论或定义的形成都存在一个从不清楚阶段到较为清楚阶段，再到较为完善的阶段，在一步一步地趋近完善，在追求完善的过程中需要人类不断地发展和不断地探索。传统体育的定义也是如此，还需要后人根据自己的生活方式及更开放的思维去进一步思考和定义，使之不断得到新的寓意。

关于“传统体育”的定义现在还不统一，有多种说法。从表面上看，传统体育研究的对象是传统体育学，它的涉及范围广泛，涵盖内容丰富，至今没有一个得到广泛认可的定义。它的范围不仅包括我国的传统体育，还包括世界上其他各国的传统体育。

传统体育是我国体育活动方式的写实与不断发展，是历史留给我们的一笔宝贵遗产和财富，它是人类的先辈在与自然的斗争中和在长期生活的实践中积累起来的。

中国传统体育是人们的一切与体育有关的活动的总称，它承载着健身、娱乐、竞技和传承文化等功能，反映了各个时期的历史文化和社会生活，具有很强的群众性和基层性，是中国传统文化宝库中的一块瑰宝。

二、传统体育的文化内涵

文化内涵一般包括物质文化内涵、精神文化内涵和制度文化内涵。体育文化内涵则是与体育有关的三种文化内涵的整体，三种文化内涵是传统体育发展的基础、主导和保障，对传统体育文化的发展起着重要的作用，它们被称为三大要素，相互间彼此联系，协调发展。

（一）物质文化内涵

传统体育的物质文化内涵主要包括四个方面：第一，传统体育项目本身；第二，运动器材、器械设备方面；第三，传统体育的文献典籍；第四，出土文物、壁画及服饰。

下面就这四个方面分别进行阐述。

1. 传统体育项目本身

许多专家和学者经过长期的研究和实践，对传统体育起源有了共同的认识，他们认为传统体育起源与人们的生活需要有关。一些专家认为，传统体育是人为了生存和自然斗争，和其他生物斗争，也包括人与人搏斗和娱乐活动中产生的各种体育项目。

也有学者认为传统体育活动来自人类的实践活动，因而，随着地域环境的不同，形成了不同的传统体育活动项目。

2. 运动器材、器械设备方面

传统体育项目在运动器材、器械设备方面，有的传统体育项目有较多的需求，有的基本没有需求。如刀、枪、弓箭、棍、棒等是较为常见的器材、器械，通过对运动器材、器械的研究，可以更深入地研究传统体育文化的内涵。在我国民间流传着很多传统体育项目，如民间流行的风筝就是其中一种，各地风筝特色不一，北京风筝中最为出名的是哈氏风筝和金氏风筝，其他一些具有风筝特色的地区是天津和潍坊。这些地区的风筝做工精巧，绘有各色图案，配上各种动物、花草，既独树一帜，又各具特色。

3. 传统体育的文献典籍

如今，我们可以通过历史文物书籍记载了解各地的传统体育，以及各地区的传统体育，古代有《周礼》，近代有《西藏志》《中国民族传统体育志》等书籍可供借鉴。其中，近代的传统体育的文献资料最具代表性、记载最详细、收录内容最多的当属《中国民族传统体育志》，它为我国进行传统体育的研究提供了极大的帮助。

4. 出土文物、壁画及服饰

传统体育物质文化的研究还包括各种出土文物。在这些出土的文物中，有一个具有代表性的文物是“石球”，它体现了我国“蹴鞠”活动的发展，揭示了足球在中国的起源。另外，根据一些出土的历史文物和珍贵壁画，我们可以去探索和分析当时的生产力情况、生活情况及文化程度。同时还可以根据各个民族的服饰来研究传统体育，中华民族中少数民族众多，每个民族都有自己的服饰，而且在不同的节日里，都会有不同的娱乐活动，因而所穿的服饰也不同，各种靓丽的服饰既体现了各民族传统文化的积淀，同时也是对传统体育文化的一种侧面展示，这些都是传统体育文化的重要组成部分。

（二）精神文化内涵

传统体育的精神文化内涵主要包括以下几个方面：第一，追求人与自然的和谐和统一；第二，具有守内、尚礼、恋土的民族情结；第三，讲究伦理教化、等级观念严重、崇文而尚柔；第四，功利性较强，对体育存有一定偏见；第五，群体价值本位。

下面就这几个方面分别进行阐述。

1. 追求人与自然的和谐和统一

人们生活在自然环境中，只有爱护自然、保护自然、和自然融合，才能修身养性，达到更高境界。

2. 具有守内、尚礼、恋土的民族情结

守内、尚礼、恋土主要体现在体育原理方面，在竞赛中体现的是礼让为先，点到为止。如中国象棋就是具有这一特点的典型代表，中国象棋是中华民族的瑰宝，它是一种棋戏，集文化、艺术、竞技于一身，既可以陶冶情操，又能修身养性，深受广大群众的喜爱。象棋由二人对弈，分红黑两个阵营，红方的首脑为“帅”，黑方的首脑为“将”。帅和将是双方竭力争夺的目标。它只能在“九宫”之内活动，可上可下，可左可右，每次走动只能按竖线或横线走动一格，且要在“仕、相”的护卫下完成攻守进退，不得随意走动、越雷池半步，充分反映出了“将帅不离位”的恋土民族情结。

3. 讲究伦理教化、等级观念严重、崇文而尚柔

中华民族发展受儒家文化思想影响较深，与之相关的古代体育也是在儒家文化思想的熏陶下逐渐发展起来的，因而，它具有道德价值、具有尊卑有别的等级观念以及崇文尚柔的运动形态的特征。但是，由于伦理教化的过重影响，使得一些思想观念出现错误的取向，过重看重道德，而抹杀了体育的健康和娱乐功能，这在很大程度上阻碍了传统体育的发展。

4. 功利性较强，对体育存有一定偏见

在我国古代，“万般皆下品，唯有读书高”一直是社会的主流思想，大多数人都想步入仕途，从此高官厚禄，平步青云。在那个科举制度、八股取士的时代，学子们所学的内容与知识都是为了应付考试，要考什么就去学什么，就是盲目地学，不知道应用，也不关心学习的内容，功利性非常强。他们认为不学习，没有掌握过多的知识，即使很英勇也只是匹夫之勇，这些偏激的理念很大程度上抑制了传统体育的发展。如汉代一些儒生认为蹴鞠就是在浪费人的体力，违背了人的儒雅风范。这些思想使人们逐渐对传统体育活动产生了偏见，这极大地影响了传统体育文化的发展与传承。

5. 群体价值本位

在古代，我国传统文化一直推崇宗法观念，这一观念的基本特征是以家庭、家族或以血缘关系为本位，并逐渐延伸，整个社会都重视群体利益，因此以个人为基础的竞争就受到了限制，不能得到发展，这也在很大程度地限制了我国传统体育的发展。

（三）制度文化内涵

中华民族拥有悠久的体育文化历史，传统体育的发展过程经历了萌芽、产生、发展、繁荣以及衰败等过程。各种体育制度虽然存在一定的差异，但还是表现出明显的稳定性与一致性。

传统体育的制度文化内涵主要包括两个方面：第一，中国古代传统体育的相同体制；第二，中国古代不同历史时期体育体制的差异。

下面就这两个方面分别进行阐述。

1. 中国古代传统体育的相同体制

（1）重文轻武

在中国古代，重文轻武的思想一直非常严重，这种观念使体育得不到重视，在一定程度上阻碍了我国传统体育的发展。自汉武帝罢黜百家之后，儒家思想便一家独大，汉朝设立了太学，在官学中，其所教的内容大多是文治方面的，涉及武艺的教学内容很少，到了后来武艺教学甚至被基本废除了，致使国民的身体素质每况愈下、大不如前。“肤脆骨柔，不堪行步；体羸气弱，不耐寒暑，坐死仓猝者，往往而然”是对许多贵族子弟最为形象的描述。北宋以后，在宋明理学以及八股取士制度的影响下，重文轻武之风发展到极盛，在儒家思想的影响下，整个封建社会以“经学”取士的用人标准、用人制度在一定程度上阻碍了传统体育的健康发展。

（2）受传统教育的束缚

两汉以后，陆家的“礼乐观”和伦理教化的错误价值取向都对我国传统体育产生了重要影响，还造成了“重功利，轻嬉戏”的社会思想倾向。从儒家学者的观点来看，成德成圣是思想文化发展的核心，体育活动应该加以制约、加以约束，这在很大程度上也阻碍了我国传统体育文化的蓬勃发展。

2. 中国古代不同历史时期体育体制的差异

（1）夏朝—春秋时期

在夏朝—春秋时期，随着生产力的发展和社会的进步，体育有了进一步的发展。传统体育开始多样化和具体化。多样化主要体现在体育形式上，在军事、学校、娱乐、保健等方面都有所体现。如在国家军队中，士兵通过锻炼身体来增强战斗力，以“田猎”与“武舞”为学习的主要内容。《礼记·月令》对当时的军队训练有详细记载。

（2）战国—三国时期

春秋之后是战国，此时军事局面的主宰者不再是贵族统治阶级，战争更多依赖于部队的战斗力与个人的武艺，这也在一定程度上促进了军事体育的发展。

春秋战国时期，各国为了增强军队作战能力，提高训练效率，在士兵的训练过程中增加了武艺训练，更加注重训练的规范性和系统性，这样使得士兵的训练得到快速提升。同时，各国还对兵种进行了分类，这样有利于分开训练，提高训练效率，对兵种的分类也有利于排兵布阵，对军事作战及军事思维都起到了促进作用。

到了战国后期，军队体育的发展也推动了其他体育活动的发展，较为突出的是娱乐体育项目，这一时期出现了很多人们喜爱的娱乐体育项目，娱乐体育项目得到了快速的发展，这些项目中包括射箭、投壶、舞龙、蹴鞠、斗兽、民间舞蹈、秋千等。

到了秦汉时期，宫廷和民间乐舞获得了较大的发展。

（3）西晋—五代时期

我国古代体育在西晋—五代时期盛况空前，这一时期，一些阻碍我国传统体育发展的制度开始逐渐被废除，在很大程度上促进了体育发展，特别是武术在这一时期也得到了较大的发展。到魏晋以后，玄学、佛学以及北方少数民族习俗在一定程度上遏制了传统儒学"礼乐观"的发展。到了唐朝，国家推行武举制度，重视武力，这些都促进了军事体育的发展。这时社会政治稳定、经济繁荣，一些体育活动、一些传统节令活动都得到了较为良好的发展。

（4）北宋—清朝时期

在北宋—清朝时期，重文轻武的社会风气开始逐渐盛行，这严重阻碍了我国传统体育的发展。但可喜的是，这一时期出现了军事武学学校，学校里的学习主要包括两部分，一部分是军事理论学习，一部分是军事实践学习，这使得军事体育得到了较好的发展。

三、传统体育的文化特质

我国传统文化主张"安土地，尊祖宗，崇人伦，尚道德，重礼仪""天人合一"等思想，传统体育在这种文化背景的影响下形成了一些特有的文化特质——道德性、礼仪性、中庸性、等级性、整体性等。具体来讲，我国传统体育的文化特质主要表现在四个方面：整体性、特定的等级制度、平和不与人为争的文化理念、崇尚道德的价值取向，下面分别加以详细阐述。

（一）整体性

人与自然是相互统一的，是一个整体，我国传统体育的哲学基础就是天人合一，自给自足的生存方式是我国传统体育萌芽与成长的土壤，整体性与和谐性的统一是我国传统体育的追求。

古人最初认为，自然界是不能征服的，只能受自然界的约束，这是中华先祖的精神局限。随着社会的发展，劳动工具的改进和生产力的提升，人类越来越多地和自然作斗争，人类在认识自然、改造自然的能力上大大提高，人类实践的范围不断扩大，使得更多的天然自然转化为人化自然，人类在征服自然、利用自然，也在不断地融入自然，和自然相互统一，体育文化的突出特点表现在人的机体与自然的协调发展，达到"形神俱练，内外兼修""采天地之气，铸金刚之身"的理念，达到人与自然的平衡和统一。

（二）特定的等级制度

中国古代，等级制度森严，封建统治阶级制定了特定的等级制度，要求人们都要去遵循，这样才能维护王朝的稳定，维护天下的太平。在我国传统体育文化中，注重礼仪，坚持先礼后兵，礼让在先。

（三）平和、不与人为争的文化理念

多数的体育活动多以健身为主要目的，他们利用空余的时间去娱乐、去表演，因而这些体育活动多数都具有娱乐性和表演性，他们通过参加活动来愉悦生活、享受生活。在一些特定的节日里，每个民族还举行有自己民族特色的体育活动，例如苗族的赛龙舟，以此来增添节日的喜庆气氛。

传统文化的发展不断地促进传统体育文化的发展，传统体育文化是传统文化的重要组成部分之一，它时刻都在汲取传统文化的精神理念，使其自身具有体育色彩的文化属性。

由于深受儒家思想文化的影响，所以传统体育文化崇尚中庸之道、信守顺其自然，这使得我国的传统体育文化安于现状，缺乏应有的竞争精神，对我国传统体育文化的长远发展产生了非常消极的影响。

（四）崇尚道德的价值取向

古代人民尊师重道，崇尚道德，将人的道德视为最高要求，他们推崇孔孟之道，学习儒道文化。出现了很多崇尚道德的言论。如司马光曾说“投壶者不使之过，亦不使之不及，所以为中也。不使之偏泼流散，所以为正也。中正，道之根底也”。

第二节　传统体育文化的内容与分类

一、传统体育的内容

我国地域辽阔，由于地理环境、生活习俗、产生背景和发展背景等方面存在着差异，形成了内容丰富、形式多样、特色鲜明并带有强烈传统色彩的各类体育项目，并且代代相传，逐渐流传和发展至今。因传统体育项目的内容繁多，这里主要介绍以下几种传统体育项目：

（一）武术

武术就是军事技术，也就是古代战争技术，它是我国传统体育项目，是我国传统文化的一笔宝贵财富，被国人称为国术，被外国人称为中国功夫。

中华武术历史悠久，是古代劳动人民在生活实践中发展创造的，来源于日常生活，发

展于军事战争。武术内容丰富、形式多样，能修身养性，锻炼人的体魄，因而得到了广大群众的喜欢，伴随中华文明流传至今。

下面从五个方面：武术的概念、武术的内容、武术的分类、武术的动作特点和武术的价值对武术加以阐述。

1. 武术的概念

武术是一项注重内外兼修，以技击动作为主要内容，以套路和格斗为运动形式的中国传统体育项目。

2. 武术的内容

武术的主要内容是以踢、打、摔、拿、击、刺等技击运动，通过徒手或者借助器械的一项身体运动，并以一定的技击方法为其技术核心。

3. 武术的分类

武术存在多种分类方法和标准，因而武术存在多种种类。

按照运动人数多少可以将其分为单练、对练和集体演练三种形式。按照功能分类，又可分为健身武术、竞技武术和实用武术等。

4. 武术动作的特点

武术动作的特点包括技击性、多样性、形神兼备、内外合一的特点。

由于武术的内容多、形式多样、项目类别不同，不同类别的武术项目，对动作要领及体能要求都有所不同，因而人们会根据各自的兴趣及年龄等来选择武术项目练习。

武术是一项整体运动，不仅要求人的外在形体配合，更要求人的内在精神和意识配合，达到“形神兼备、内外合一”的境界。

5. 武术的价值

参加每一项体育活动都有它的价值所在，武术也不例外，武术的价值主要体现在三方面：强健体魄、防身自卫、休闲娱乐。

武术不仅可以健身，强化筋骨，还可以增强人的体魄。同时，武术还可以调节人体的内分泌系统和免疫系统功能，达到调精养神的功效。

武术可以作为一种格斗技术，用于自身的防卫，可以通过不断练习，增强应变意识、反应能力和格斗技巧。习练武术不仅能提高自身肢体的灵活性，而且能在危难之际用于自卫。

另外，武术还可以用于表演或是比赛，展现武术的娱乐功能，在给人美感的同时，还能给人以顽强拼搏和坚韧不拔的精神慰藉。

（二）摔跤

摔跤既是一种传统的体育活动，又是一种武术活动，下面从摔跤概念、摔跤种类、摔跤的特点、摔跤的价值四个方面加以阐述。

1. 摔跤概念

摔跤是两人徒手较量，以摔倒对方为胜的竞技运动，是中国最古老的体育活动与格斗技击之一，也被公认为是世界上最早的竞技体育运动。

2. 摔跤种类

摔跤在我国各民族中都有所体现，但分类不同，如回族式摔跤按照体重分为 5 个级别；蒙古族摔跤是全国少数民族运动会项目，必须按照其相应的竞赛规则完成；汉族摔跤主要按照体重划分为 10 个等级。而哈萨克族摔跤可分为 3 种形式：古老式摔跤、古典式摔跤和自由式摔跤。

3. 摔跤的特点

摔跤的特点主要有群众性、对抗性和安全性。

摔跤在我国传统体育的发展过程中几乎都有其不断演变的发展史，而且作为奥运会的一个比赛项目，现已被越来越多的人认可。

4. 摔跤的价值

摔跤的价值类似于武术的价值，不仅可以强身健体、用于自卫防身，还可以用于娱乐欣赏。

摔跤比赛是一种斗智、斗勇、斗技的运动，不仅要求选手反应意识要快，而且还要求选手要有出众的比赛策略，因而，摔跤比赛极具观赏价值与娱乐价值。

（三）毽球

1. 毽球概念

毽球又称踢毽子，是一项简便易行的健身运动，在我国流传已久，在汉族民间盛行，是一项汉族民间体育活动，不仅可以锻炼筋骨、强健身体，还可以提高肢体的灵活性。

据历史文献记载和出土文物证明，踢毽子最早起源于中国汉朝，盛行于六朝和隋唐时期。

2. 毽球种类

古代的毽球主要分为花毽与大毽子两类。花毽的高度一般在 12 厘米左右，多用火鸡毛或雕翎做毽身，塑料片做底座。因此，看起来更美观一些，踢起来弹性也很好。锤子起落的速度，也没有太多限制，踢起来后上下翻飞，花样动作全凭自己掌控，没有特别高难度的动作，所以适合各个年龄段的人。大毽子的毽身多用鹅毛制成，橡胶做底座，高 17 ~ 18 厘米。与传统花毽不同的是，大毽子比较重，要求技巧性相对较强。如果是单人踢，就有 100 多种动作。但在大众健身运动中，大毽子更适合多人一起运动，大家你踢一脚，我踢一脚，力度较大，但动作简单，既能锻炼腿部力量，又能提高团队的协作意识和配合默契程度。

3. 毽球的特点

毽球的特点主要包括方便性、群众性、融合性、娱乐性等特点。

（1）方便性

毽球运动灵活方便，具有不受场地限制，个人可以依照自身安排和体能状况来确定运动量和运动时间等优势。

（2）群众性

毽球运动可以锻炼儿童的视力和反应能力，对促进老年人的身心健康也大有裨益，不仅能舒筋活血，还能益寿延年。因而，毽球运动深受群众的喜爱。

（3）融合性

毽球运动不仅可以借用其他运动的场地，还可以在比赛中利用其他运动的技战术，例如，可以利用足球的踢式和踢法，以及利用排球的技战和技术等。在技战术中要控制好接毽和落毽两个关键环节，这样就可以在活动中更好地控制毽球。

（4）娱乐性

毽球运动是一种娱乐游戏，包括多种踢法，最常见的踢法是正踢，其次是反踢，另外还有交叉踢等；也可以根据参加人的数量分为单人踢、双人踢、多人踢等踢法。毽球运动既可以锻炼身体，又能给人以精神上的享受和慰藉。

4. 毽球的价值

毽球的价值主要体现在有益身心健康、锻炼协调能力、提高其他项目运动技术等方面，可以利用自身的技战术来促进其他运动的技术。

（1）有益身心健康

毽球运动在活动时，锻炼身体的多个关节，以及增强韧带和肌肉的配合，使韧带更有弹性，关节更灵活。在参加毽球活动的同时，既锻炼了身体，又锻炼了身心，一举多得。

（2）锻炼协调能力

毽球运动不仅要求运动者要有好的身体、灵敏的反应力，还要求参与者具有速度素质，以及协调能力等。

（3）促进其他项目运动技术

运动项目之间可以相互借鉴、相互学习，不仅包括踢式和踢法，还包括技战术等，可以相互彼此间联系，共同提高与发展。

（四）叼羊

对于叼羊这种运动主要从叼羊概念、叼羊方式、叼羊的特点、叼羊的价值等方面加以论述。

1. 叼羊概念

叼羊是哈萨克族民间体育项目之一，是马之力与人之力相结合的一种娱乐活动。所叼之羊是山羊，哈萨克人称其为“灰狼”。

在新疆南疆一些地区，盛传徒步叼羊，该活动通常由村民组织，它是一种对抗性很强的运动，可以用于表演，尤其是在一些欢庆的日子里。

2. 叼羊方式

叼羊的方式有多种，主要有竞赛式叼羊和传统式叼羊两种。

（1）竞赛式叼羊方式

竞赛式叼羊作为一种比赛活动，有相应的比赛规则要求和人数要求，根据参赛人数的不同以及规则的不同，常分为分组叼、两人单叼和群叼等比赛项目，以最后夺得羊者或放到指定地点一方为比赛的获胜者。

（2）传统式叼羊方式

传统式叼羊方式主要是分组叼，其中还包含两人对叼。在叼羊之前，人们预先分成两队，比赛时每个队分别出一人进行比赛，两人相互对叼，决出胜负。这样反复几次对叼之后，最后大家合力叼一只羊。叼羊者要快速催马前跑，其他人拼命追赶，追上后大家尽力争夺，夺得者又叼羊快速飞跑，其他人继续追赶。如果叼羊者无人能够追赶上，他便是最后的获胜者，当天晚上就会在这个房子里宴请与招待族人。

3. 叼羊的特点

叼羊的特点有传承性、独有性、民俗性、局限性、愉悦性等。

（1）传承性

叼羊活动来自日常生活，本民族成员通过叼羊活动，不仅可以释放情感，还可以增进成员间彼此的交流，成员间通过比赛活动，相互协助，也增进了彼此间的情感。

虽然时代在发展，社会在变迁，但是人们对叼羊活动的传承依然在延续，在一些节日、婚礼庆典中仍旧可以看到叼羊活动。

（2）特有性

叼羊是我国传统体育活动，也是我国传统文化的一种外在表现，该文化具有自身的特性，是人们在与自然环境的抗争中积累下来的，经过历代的延续和传承已然留下独有的烙印。

（3）民俗性

叼羊既是一种体育活动，又是一种文化形式，它是对我国传统民俗活动与传统体育的一种传承和发展，这些民俗活动在活动过程中体现出了本民族的文化色彩和民风民俗，促进了民族体育的发展，使得这些约定俗成的民族活动印上了民俗的特性。

（4）局限性

叼羊是哈萨克族的一种传统体育项目，有明显的地域局限性，也有性别局限性，多数地区妇女不能参与叼羊活动，只有个别区域才可以。

（5）愉悦性

叼羊活动来源于生活、扎根于生活、又娱乐于生活。在一些喜庆的日子里都会有叼羊活动，比赛的胜负已然不重要，重要的是其表演性和娱乐性，用于增添现场的喜庆气氛，取悦于所有人，该活动起到了寓体育活动于乐的一种效果。

4. 叼羊的价值

叼羊作为一种传统体育活动，也有其自身的价值，不仅能提高组织协调能力，强健体质，还能提高人的智慧，它是力量和智慧结合的一项体育运动。

通过叼羊活动还能愉悦身心，调节情感，这也是叼羊活动的一项重要价值。任何一项体育活动，竞技性只是其中的一种表现，更多的还是人们在比赛的过程中享受比赛。单纯地为了比赛而比赛，活动便会变得枯燥无味，便会缺乏激情与活力。

（五）陀螺

1. 陀螺概念

陀螺是汉族民间最早的娱乐工具，也作陀罗，北方叫作“冰泰”或“冰猴”，陀螺运动也是我国的传统体育项目，其形状是上半部分为圆形，下方尖锐。从前多用木头制成，现代多为塑料或铁制成。玩时可用绳子缠绕，用力抽绳，使其直立旋转，或利用发条的弹力旋转。传统古陀螺大致是木或铁制的倒圆锥形，玩法是用鞭子抽，现代已有各式各样的材质（如钢铁、碳纤、塑料等）与形状（如坨坨形、椭圆形）出现。陀螺是青少年们十分熟悉的玩具，曾风靡全世界。中国是陀螺的发源地，从中国山西夏县新石器时代的遗址中，就发掘了石制的陀螺，可见陀螺在我国最少有四五千年的历史。

2. 陀螺种类

陀螺按形状大体分为平头陀螺、尖头陀螺和独角陀螺。也可以细分为纸陀螺、铜钱陀螺、线轴陀螺、竹陀螺、木制陀螺、金属类陀螺等。

陀螺的制作方法十分简便，仅需要把木头削成柱的形状，使其形成上平下尖的形状即可。复杂的陀螺可以挖空柱体内部，进而使陀螺内部形成一个腔体。陀螺在传统上有两种玩法：第一种是利用鞭子将陀螺抽打至旋转，旋转时间长则为胜，旋转时间短则为输；第二种是经绳从上到下，缠绕于陀螺的上部，抛出旋转后撞击对方，以自己的陀螺撞击对方的陀螺，若对方陀螺被撞出圈、撞停、撞倒皆为负，这种玩法叫“撞架”。

3. 陀螺的特点

（1）对抗性、技巧性、趣味性

陀螺是全国和河北省少数民族运动会的比赛项目，活动者操控着一只鞭子连续击打陀螺，给它以动力，让它能在光滑的地面上转动较长的时间。比赛时，先把陀螺丢在光滑的地面上旋转，然后不断用鞭子抽打，谁的陀螺转的时间长，谁就是最后的获胜者。

在全运会及各省举行的运动会上，陀螺比赛的两个主要特点是“旋”和“准”。比赛中陀螺的材质通常采用木质材料，陀螺形状以平头形状为主，比赛中用的鞭子一般是皮鞭，鞭子由鞭杆和鞭绳组成，也有鞭子没有鞭杆，只有鞭绳。比赛的场地要求平整光滑，场地长大约 25 米，宽大约 15 米，设有两个区域，一个是放陀区，直径为 1.6 米，一个是打陀区。比赛时守方先出场，先将陀螺旋放于放陀区，用鞭子击打陀螺，等待陀螺旋稳后，再由攻方进攻，攻方站在打陀区，迅速地扔出自己的旋转陀螺，通过不同角度、不同方式去大力地击打放陀区的守方陀螺，旨在将守方的陀螺击死或者击出界外，同时还要保持自己的陀螺一直在旋转，这样攻方便会获胜，否则攻方失败。然后，再由攻方变为守方，守方变成攻方，双方角色互换，继续击打陀螺，赛局赢多者获得比赛的最后胜利，这是竞技比赛中陀螺的比赛方式。

（2）群众性

陀螺运动容易被接受且深受广大群众的喜爱，因为陀螺运动规则少，约束性小，参与性强，参加人数多，观看者可以随时参与其中。

陀螺参与者不受年龄、性别限制，男女老少皆可参与；也不受职业限制，各种职业的人们都可以参加陀螺活动；而且陀螺运动成本低，维护费用也低，比赛规则灵活多样，不仅可以在节日庆典中举行，也可在农闲时举行，不受时间限制，随意性强，还可以自由发挥，这样导致陀螺运动非常容易组织与推广，使更多的人参与到了比赛之中。

（3）简便性

陀螺运动简便易学，只需要一个陀螺和一条鞭子即可，规则简单，只要掌握好击打陀螺的力度和角度，便能掌控好陀螺。再找一个陪练，通过攻守转换，学会攻守时控制陀螺的注意事项，这样经过几个小时的训练，便可以轻易地学会打陀螺。又因为陀螺运动不受年龄结构的限制，因而很容易被广大群众所接受。

4. 陀螺的价值

陀螺运动的价值在于健身性、娱乐性和经济性。

从陀螺运动的特点我们可以发现，它不仅能锻炼人的手臂力量，还能锻炼人的腰部力量，通过全身的配合，提高人体的协调能力。比赛中通过击打对方的陀螺，还可以锻炼人的观察能力以及反应能力，通过打陀螺比赛，还锻炼人的体质，增进人的身心健康。

陀螺运动是一项大众运动，具有全民性和普遍性，在比赛时享受着快乐，也体现了它具有娱乐性的价值所在。在比赛中人们可以放松心情，尽情地宣泄自己压抑的情感，使人完全放松，从比赛中找到快感，享受比赛带来的乐趣。

由于陀螺运动是从生活中发展起来的，它对器材和场地的要求不高，各类人群都可以参与，不像是高尔夫球、网球、斯诺克等高消费的运动项目很多人没有能力去参与。对于陀螺运动所有人都有能力参与，一些贫困地区，还通过借助陀螺运动的推广来推动全民健身计划的实施，同时将陀螺进行了改造，形成了产业，带动了当地经济的发展。

（六）木球

木球也是一项传统的体育项目，下面从木球简述、木球类别、木球的特点、木球的价值四个方面加以阐述。

1. 木球简述

木球比赛，它是通过“赶毛球”和“打篮子”等一些其他体育项目逐渐演变而成的。

木球比赛既可以展示个人的超凡技巧，又可以反映集体的配合默契程度的高低，因而深受大家的喜爱，尤其是青少年。比赛的场地是一个矩形球场，球场长 40 米、宽 25 米。比赛有点像曲棍球和冰球的比赛，分为上下两个半场，有两队参加，每队 5 名球员上场比赛。上下半场各为 20 分钟，中场休息 10 分钟，每队可以在中场休息时间重新布置战术。

比赛时运动员反应速度要快，持击球板快速奔跑，这对参赛运动员的体力有较高的要求；参赛运动员间要相互配合，做好传接，为队友阻挡，将球准确地打入球门便可得分，这对团队协作能力要求较高。

木球在不同地区有着不同的叫法，在宁夏地区称之为“打篮子”和“赶毛球”等，在湖南地区有“木棒球”和“木头球”等叫法，在北京则称之为“木球”。

湖南省的江华县是古代时期楚地的咽喉，“毛莱球”就是木头球。相传毛莱球已经有 500 多年的发展历史，传说毛莱球起源于明代成化年间，中华人民共和国成立后，湖南省江华县的木球运动发展迅速。1983 年，江华县将木球运动项目纳入正式比赛项目，同时还制定了木球运动的试行比赛规则和木球场地器材的相关规定。在空坪、河滩和稻田内都可以进行木球比赛，运动者使用的球和木棍可以就地取材，并且易于寻找。最开始在木球比赛的场地器材上没有具体的规定，场地依据实际地形进行选择，使用器材依照比赛的实际条件而定，器材的制作规则也不统一。比赛使用的球棍大多是运动者自备的，或者预先把比赛双方的球棍放置在一块，一个运动者把眼睛蒙起来将球棍分成两部分，随后再通过抽签来决定，随着国家对传统体育运动的重视，木球运动的比赛规则和传承方式也在逐渐地趋于完善。

2. 木球类别

木球的比赛需要有球具和球场，球场一般为木球场，场地共设 12 球道，含有左曲道、右曲道各两个，球门处悬挂一个木酒杯。

球具也是木制，一般为原木，成本低，易于普及。球具一般包括球、球杆、球门三部分。

3. 木球特点

间歇性和休闲性是木球运动的主要特点。

木球运动的击球时间有所限制，要在 10 秒以内完成击球，击球时要双手用力，紧握球杆，这样可以保证球能准确入门。木球比赛时参赛球员可以有一定的静止站立调整时间，这可以让球员短暂地休息，充分体现了木球运动的间歇性和休闲性特点。

4. 木球价值

木球运动比赛时要求参赛人员双手握紧，用力挥臂，并配合腰腹发力和下肢的蹬地力量，根据身体恢复机理，参赛者由于持续地运动，运动后机体会出现一定程度的疲劳，在恢复期不仅能够恢复到原来水平，甚至能超过原来水平，身体机能才能得到有效提高，同时该项运动对发展上肢的肌肉力量大有好处，具有一定的健身和健体价值。

木球比赛是一项强度较高的有氧运动，一般比赛的赛制是两场，时间一小时以上。木球比赛不仅考验肌肉的耐久力，还考验心肺功能。参照运动量标准，木球比赛的运动强度达到了中等程度。按照国内学者认可的标准，长时间（一般在33分钟以上）做有氧运动可以锻炼人的肌肉，同时要进行力量性练习，这些都对健身有益处。因此该项运动对不同年龄段的人群都具有健身价值。

（七）押加

押加是一项传统的体育项目，很多人可能对之不是很熟悉，下面从押加的简述、押加特点、押加价值三个方面加以阐述。

1. 押加的简述

押加这个名字大家看起来比较陌生，其实押加比赛又名大象拔河，它是全国少数民族运动会的一个传统体育项目，在各省市运动会的比赛中也有该项目。

押加比赛是在一个宽2米，长8米的平整地面上进行，运动员一般按照体重分为5个级别。

在比赛的场地内有河界和中界，中间画一条线作为中界，在中界两侧划两条平行线作为河界。比赛时由两人参与，参赛者将两端打结的长约4米的绳子分别套在各自的脖子上，两人背靠背，分别用力爬拉绳子，爬拉运动模拟大象，哪方先将红布拉过河界，哪方便取得比赛的胜利。平日农闲时，在牧场和田间，人们多以这种游戏形式进行比赛，在劳作的同时，享受生活的快乐。这种比赛器具简单，因而它是一项易于推广的体育项目。

2. 押加特点

押加运动是一种爆发式的项目，需要磷酸原供能，对运动员的肌肉力量、爆发力和速度，以及协调性和灵敏性等身体素质都有较高的要求。

（1）速度与力量

押加运动是一种速度与运动结合的体育运动，以肌肉工作为主，肌肉要有力量，在肌肉拉力的推动下人体向前移动，这项运动对参赛人员的爆发力有很高的要求，谁的爆发力大，谁就可能获胜，因此，平时要锻炼骨骼肌肉的收缩力量以及收缩速度，对于取得这项比赛的胜利尤为重要。

（2）有氧和无氧代谢混合供能

供能方式以无氧代谢的糖酵解和磷酸原供能系统为主，比赛需要有氧代谢和无氧代谢混合供能，运动员在比赛开始时，双脚需要爆发性快速发力，奋力向前爬行，这个过程中以无氧代谢供能为主，在比赛过程中可能会出现对峙阶段，这个过程中是有氧代谢和无氧代谢混合供能。

（3）促进身心全面发展

押加运动对比赛场地、比赛器具及参赛者的要求都不高，因而易于普及和发展。多数学校都开展了此项活动，来丰富学生的业余生活，既参加了课外体育运动、锻炼了身体，又对学生的身心健康及全面发展起到了促进作用。

3. 押加价值

押加的价值主要展现在三个方面：教育性、健身性和普适性。

（1）教育性

押加这一传统体育运动在多数学校内进行了开展，押加走进了教学，走进了课堂，学生在教学的过程中不但得到了快乐，还锻炼了身体。

该运动不仅能够充分调动学生的积极性，而且还能够提高学生的自信心和民族自豪感。押加运动需要传承和保护，需要随着社会的发展而发展，通过学校的教学，让学生掌握好理论，并能应用于实践，为今后更好地开展及从事这项活动打好基础，使传统体育教育得以传承。

（2）健身性

押加运动比赛方式及比赛规则简单，而且简单、易学，且人人都可以参与，因而吸引了大多数同学的参与，从而达到了该项目的本身价值——“我参与、我健康、我快乐”，这也是其他体育项目所追求的价值目的之一。

（3）普适性

押加比赛既是全国运动会的比赛项目，又是各省运动会的比赛项目。由于开展该项目方便易行，且时间不限、地点不限、年龄不限、人员不限，因而在田间、在牧场上、在闲暇时、在节假日都会看到押加比赛。

押加比赛是一项男女老少皆喜欢的体育项目，而且是一项容易开展的传统体育项目，并且该项目还走进了课堂，有科学的理论在不断丰富它、完善它、武装它，使该项目更具完善、更具娱乐性，在传承中得以发展。

（八）导引术

关于导引术主要从导引术简述、导引术特点及导引术价值三个方面加以阐述。

1. 导引术简述

导引术历史悠久，自产生距今已有几千年的历史。最初起于汉代，在《淮南子·精神训》一书中描述的“六禽戏”就是导引术。《导引图》则是迄今所发现的最早的、最完整的古代导引术。导引术注重呼吸与吐纳的结合，它是中国的一项传统体育项目。

意、气、形有机结合是导引术最为显著的特征，即通过肢体身躯对其进行练习，要达到意气结合，可以通过呼吸锻炼来进行气息练习，再通过意导气行，达到宣导气血的目的，从而增强体质，达到预防和治疗疾病的目的。

2. 导引术特点

（1）民族性

导引术是中华民族在长期的生产生活中创造而来的，它是一种重意气、行结合、重实用、重和谐。

（2）讲究内外相合

导引术对形与神要内外相合，做到外在的肢体动作要与内在的意识、意念相合，有很高的要求。传统导引术中要求神、气、形的三位一体，注重的三调——调身、调息、调心，三者相互关联。

3. 导引术价值

（1）与医学理论相融通

传统导引术以古代的阴阳学说作为理论基础，结合中医经络理论，人体内肾产生元气，为元阴元阳之所在，元气可以固本培元，它是人体诸气之根本，能调节人体内的阴阳平衡。人只有元气旺盛，才能保持身体健康，远离疾病。

导引术的练习主要是以腰腹为核心进行各种方式的训练，经常参与练习对身体有着重要作用。

（2）强身健体，促进健康

导引术是肢体运动健身项目，强身健体、促进健康，是通过有氧运动来刺激机体引起的各种动态反应来保证身体健康的一种方式。导引术是一种很好的健身方式，需要注意气血运行，注意形意结合，动作轻盈、温和，属于一种有氧健身运动。

二、我国传统体育项目分类

（一）传统体育项目分类依据

1 多元性文化体育

我国是一个以汉族为主的多民族国家，由 56 个民族组成，融合了多民族的文化和体育特质，具有多元性。各民族之间相互交流，相互促进，文化相互渗透，相互融合，最终形成了中华民族文化体系——既具有统一性又具有多样性和融合性的多元性文化体系。

2. 文化形式多样化

各民族由于地域不同，所受政治、经济和文化等因素的影响也不同，因而不同少数民族形成了各自的语言和风俗习惯，它们彼此之间存在差异。我国的 56 个民族之间相互交流，彼此促进，一起形成了中华民族文明之林中一道道独特而又亮丽的风景。

3. 地理环境的生态性

自然环境是人类创造文化的前提条件，也是传统体育文化形成的客观因素和组成部分。文化具有一定的脆弱性，一旦脱离了它所依附的生存环境，它就会走向灭亡，传统体育文化的形成与发展对自然环境、社会环境、生产方式和生活方式有着极大的依赖性，在一定的地域内，环境是文化系统形成与发展的基底和动力。

（二）传统体育项目分类原则

1. 依据生活实际需要

分类标准不同会有不同的分类方法，产生的实际问题也会不同，而随之解决实际问题的方法也会不同。因此，选择时要根据自身生活实际的需要，选择恰当的分类方法和分类标准，本研究在分类的过程中主要采用按照中国的版图以区域的形式将传统体育项目进行分类，为其他学者的研究提供理论支撑。

2. 实用性与科学性并举

传统体育项目分类要以实用性为基础，因为实用性价值高，便于体育项目的传承与发展，根据已有的规律性内容，能快捷地推广和普及体育项目。

传统体育项目分类标准同时要兼顾科学性，以科学性做指引，使分类依据更严谨，逻辑关系更合理。实用性和科学性是对传统体育项目进行分类时应该坚持的原则，实用性是基础，科学性是指导，二者相辅相成，缺一不可。

3. 主次分明，统筹兼顾

传统体育项目因为具有多元性，并且存在错综的复杂性，一个分类标准不能适应多元性的体系，因此在实践中要分清主次，既要以一个分类标准为主，又需要考虑其他因素，统筹兼顾。

另外，存在一个体育项目在多个民族中共有的现象，因而在对传统体育项目进行分类时，要持有主次分明、统筹兼顾的观点对各项传统体育项目进行分类。

（三）传统体育项目的不同分类

通过不同角度，采用不同方法对中国传统体育项目进行了大体分类，主要包括以下五个方面的内容：

第一，按照人类学的观点，依据其内容可将传统体育项目分为七类，一是与生命起源有关，二是与种族繁衍相关，三是与生产活动有关，四是与文化发展程度有关，五是与种族再生或复兴有关，六是与部落战争有关的身体活动，七是与信仰有关的传统体育活动。但是，随着社会的发展和人类文化的进步，这些分类显然存在着不足，其本源已经发生变化，需要用更科学的分类标准来进行分类。

第二，依据传统体育的性质来划分，传统体育项目可以划分为五类：竞技类（球类、射击类、技击类和摔跤类）、游戏类、养生类、游乐类、表演类。这种分法有其突出的优点，它凸显了体育的游乐性、表演性和保健特色，具有宏观的指导意义。

第三，依据内容和形式来划分，传统体育可分为竞技类（武术、龙舟、射击、球类、棋类）、养生类、表演类和游乐类。相比前两种分类方法，这一分类较为简单，但其缺点明显，对少数民族体育的划分，以及武术的归类都存在较大的争议。

第四，依照传统体育的发展过程及成熟程度来划分，传统体育可分为几类——包括民间传统体育游戏、少数民族体育、武术。

第五，依据地域分类，可以将中国传统体育项目划分七大类，东北地区传统体育项目、华北地区传统体育项目、华东地区传统体育项目、华中地区传统体育项目、西北地区传统体育项目、西南地区传统体育项目、华南地区传统体育项目。

第三节　传统体育文化的特征与功能

一、传统体育文化的特征

传统体育文化是中华民族传统文化的重要组成部分，同时，它也是非物质文化遗产的重要组成部分，是人类的先辈们在大自然的长期生产中、生活实践中创造和积累起来的文化形式，能够反映不同民族的历史文化、民族心理、民风民俗、社会生活、民间信仰和价值取向等特征。其深层文化内涵是象征民族精神、提高价值认同感和增强凝聚力。通过对它的研究，可以了解当时人们的心理状态和生活情况，更能了解当时的社会发展情况，它是每个民族历史发展的一种特殊反映——包括政治、经济、文化生活等方面的展现。

任何事物都存在有区别于其他事物的本质特征，传统体育文化亦是如此，它具有特殊的双重属性——文化属性和体育属性，通过研读文献与实地调研发现，我国传统体育文化的特征主要体现在六个方面：民族性与地域性、娱乐性与竞技性、传统性与时代性、人文性与哲学性、传承性与交融性、群众性与阶级性，下面分别加以阐述。

（一）民族性与地域性

1. 民族性

每个民族发展的过程不同，创造出的文化也不同，分别贴上了带有自己民族文化特性的标签，人类并不能够创造出统一模式的文化形式，因此，世界各地的传统体育文化都表现出明显的民族性。不同的国家、地区与民族都有自己独特的传统体育，如中国的武术、泰国的泰拳、韩国的跆拳道、日本的相扑和柔道等都已经成为这些国家的典型象征。

我国是拥有民族众多的国家，每个民族在其发展过程中都形成了有其各自民族特色的传统体育项目，这些体育项目散发着浓烈的民族气息与文化内涵，是各民族的象征，有着凝聚民族精神、弘扬民族文化的作用。

我国各民族开展的传统体育项目众多，也不尽相同，但是它们都为中华民族传统文化的发展做出了贡献，它们都是中华民族优秀传统文化的重要组成部分。

2. 地域性

地域条件是各民族进行繁衍生息的必要条件，中国自古就有“北人善骑，南人善舟”

“十里不同风，百里不同俗”之说，这是对不同的地域条件影响人类身体活动和生活方式的概括。我国地域面积辽阔，地域差异明显，东北地区气候寒冷，逐渐形成了以冰雪为主的体育项目；内蒙古一带草原辽阔，适合牧马骑射，逐渐形成了赛马、赛骆驼等体育项目；新疆地区降水较少，地域性特征充分表现在水上项目较少，形成了与农业为基础的摔跤、赛跑和武术角力类的传统体育项目；在我国南方，江河分布广泛，因此逐渐形成了以水为主的项目，包括赛龙舟、抢花炮等体育项目。

地域的不同，逐渐形成了具有地域性特征的体育活动。当然，在同一地区开展的同一项目，由于开展的地点不同，也有可能存在一些规则上的差异，但随着人类文明的发展，将会不断汇聚与融合，成为一个具有地域特征的文化现象。

（二）娱乐性与竞技性

1. 娱乐性

传统体育项目的一个重要起源就是在节日庆典中的娱乐，传统体育是为了满足人们精神需要而进行的文化创造活动，其娱乐成分主要包含身体技能性、谋略性和机遇性等。

我国传统体育文化的娱乐性很强，各种体育活动多以消遣的、游戏的形式出现，这些都会对人们产生很强的吸引力。在这些体育活动中，人们能尽情地宣泄自己的情感，释放自身的压力，在满足自身娱乐性的同时，还能和其他人一起分享活动带来的喜悦，还能增进彼此间的情感。

娱乐项目往往能增添浓烈的喜庆气氛，所以随着项目的开展，一些娱乐性的体育项目会形成一个盛会，每逢喜庆节日都会开展各种体育娱乐活动，端午节的赛龙舟、元宵节的舞龙舞狮等。娱乐性同时也为传统体育实现持续发展提供了重要推力，这也是人们从事娱乐性体育项目的必然结果。

随着社会的不断发展，以及国外一些西方意识形态的不断渗透，我国人们的价值判断逐渐向实用、易学、高效的方向发展，如果传统体育项目不具备充足的观赏性和娱乐性，就不能够引起人们的兴趣，使传承的主体和客体都会丧失传承的兴趣，在一定程度上会限制传统体育文化的传承与发展。

2. 竞技性

受奥林匹克运动和西方竞技体育的影响，尤其是受奥林匹克运动的影响，使得一些项目在世界上普及，这些比赛项目都要遵守统一的竞赛标准，使得现代体育活动具有竞技性和规范性的特征。

竞赛项目包含了板鞋竞速、押加、龙舟、珍珠球、木球、独竹漂、花炮、秋千、毽球、射弩、陀螺、高脚竞速、少数民族武术、民族式摔跤、马术和民族健身操等 17 个传统体育项目，表演项目达到 140 个。各地区的民族代表在大会上充分体现各民族特色，为取得比赛成绩，各队队员奋力拼搏，充分地体现了我国传统体育项目的竞技性。同时一些体育项目经过不断改造与现代元素融合，并逐步完善比赛规则，使之逐步适应国际体育竞赛的要求，例如，国际上备受追捧的中国武术，还有太极拳、赛龙舟和摔跤等。

(三) 传统性与时代性

1. 传统性

传统体育文化的传统性是指在社会发展的特定历史阶段上体育所受到的根源性影响及其结果，它决定了传统体育的形态构建，形态构建主要体现在实践形态和观念形态两个方面。形态构建是传统体育文化的各种属性中最基本的特征，也是起主导作用的重要特征。随着社会的发展进步，体育文化的内容也在变化和进步。这些文化系统风格或结构的变化，继承原有的旧知识，取其精华，弃其糟粕，同时增加新的知识内容，使文化不断积累；同时文化又在时刻变化，因为社会经济在发展，社会生产力在变化发展，这些都会促使文化也会不断地去变革、去发展、去再创新。

传统体育文化的传统性依据意识形态可以分为有形和无形两部分，有形是指体育器材设施、运动项目、组织方式等；无形则是指体育的认知原则、价值取向、审美观念等，无形反映的多是伦理道德、精神风貌等方面的问题。如中国武术在物质方面指的是能够起到保家卫国和安全防卫的传统体育项目，在精神方面体现的是中华民族悠久的历史，弘扬了中华民族优秀的传统文化。

2. 时代性

社会在发展，时代在变迁，生活环境的改变迫使人们为了生存要创造出更符合时代的生活方式和文化形态。我国的传统体育文化具有与时俱进的根本性质，这也是传统体育文化具有时代性的体现，但由于文化的不断交流与传播，使不同的传统体育文化形态的传承与发展、发展与变化都呈现出一种与时代相适应的文化整体性价值。环境在变化，人们为了生活就必须要学着适应环境，就必须在生活实践中创造出新的文化形式以满足社会的需要和文化的需要。如蒙古族举办的那达慕大会，在新的历史时期被赋予了新的内涵，已经不是单单的竞技与娱乐，而是增加了文化与生产、贸易、旅游等产业的融合，实现了传统文化与现实生活的对接，凸显了民族特色，带动了地方经济的发展。如河北的沧州武术最初是保家卫国、军事战争的重要手段，但随着社会的进步与发展，被赋予了新的内涵，代表中华民族顽强拼搏的意志品质和吃苦耐劳的精神，同时与当地的经济和旅游等产业相结合，在一定程度上带动了沧州经济的发展。

(四) 人文性与哲学性

1. 人文性

人文是一个动态的概念，人文，即重视人的文化，它是人类的一种精神财富——包括物质财富和精神财富。传统体育作为文化的一部分，也具有深厚的人文特征。东方的传统生命观、健康观和与此相适应的传统体育项目（如健身气功、导引术、五禽戏等），都蕴含着人文科学在里面，包含辩证思想、天人合一思想、身心统一思想、协调配合思想等与人文有关的内容，人文的核心是“重人”，个人要与自然、要与社会融合。发扬民族文化，弘扬人文精神，振兴传统体育事业是每个人的职责和应尽的义务。

2. 哲学性

中国传统哲学强调人要遵守自然法则，达到人与自然的统一，强调人与自然要和谐相处，不能违背自然规律。中国传统体育文化与西方体育文化蕴含的哲学思想不同，西方体育文化注重外在锻炼，通过外在的训练来强健身体，提升竞技能力；而中国传统体育注重的是行气，讲究动静结合、天人合一的传统文化哲学思想

（五）传承性与交融性

1. 传承性

传统体育文化主要传承方式是通过血缘关系、模拟血缘关系等方式进行传承，传统体育文化是人们在长期的生存发展中产生的，并通过后人不断地进行继承和发扬，传承中保留了一个民族文化中的精华，这是文化发展过程中不可缺少的一个条件。体育文化的传承性使一个民族的文化得以延续，同时也能展现出一个民族的凝聚力。

2. 交融性

传统体育文化除了具有传承性外，在其发展过程中一直与当地各民族的民族文学、舞蹈艺术和绘画艺术等相互交融。

随着社会的进步，社会文明程度不断提高，不同民族之间的文化相互交流、相互渗透、相互融合，体育文化也逐步成熟起来，体育项目之间也相互融合，融合方式主要有三种：

第一，同一项目之间的融合，如赛龙舟、荡秋千和摔跤等；

第二，不同项目之间的融合，如清朝时将足球与滑冰结合起来就发明了冰上足球，到了现代，不同项目之间融合的体育项目越来越多，如舞蹈与滑冰结合的花样滑冰、舞蹈与游泳结合的水中舞蹈等；

第三，不同项目之间融合产生新的体育项目，如跳绳、踢毽子和拔河等汉族人们喜欢的传统体育项目，同样也受到其他少数民族人们的喜爱。

正是因为传统体育文化具有交融性，它融合其他少数民族的传统体育文化，才使得传统体育文化的内容更加丰富多彩，使其具有更强的生命力。

二、传统体育文化的功能

传统体育文化的功能主要体现四个方面：凝心聚力、教化育人、促推经济、健康益智。下面对这四项功能分别加以说明。

（一）凝心聚力

用心理学学科知识体系来解释，“心”是指个体或群体，乃至民族内在的意识、精神、品质等的思维状态；“力”则是由内在的意识、精神和品质所外显的综合能力。

通俗来讲，政治智慧就是在大方向上注重民心向背，尽可能做到与民同利，善于利用品才兼优的人才；作为个体，其政治智慧主要体现在国家和民族的利益高于一切，是我们必须恪守的中心、基准和底线。“民族精神，是一个民族在长期的历史发展过程中逐步形成和培育起来的一种群体意识，是一个民族共同的思想品格、价值取向和道德规范的综合体现，是该民族存在和发展的精神支柱，具有主导性的价值取向和思想品格，是民族文化的核心与灵魂。

每个民族都是一个社会群体，它们都有自己统一的民族文化和精神信仰，每个民族要想永久生存、繁荣发展，就必须采取一定的手段，使民族内部形成一股凝聚力，使大家有共同的精神信仰和追求。

情感互勉，人际互动。在当代各民族体育运动会上，各民族选手同场竞技、亲密相处，运动中遵守统一的规则，遵从一致的礼仪，人与人之间平等相处，体育的亲和力将各族人民紧紧地团结在一起。各民族的体育文化在同一舞台展示自身的精彩内容，在相互交流、相互借鉴中发展创新，获得高度的认同。我国传统体育将各族优秀的文化融合创造，是中华民族凝聚力的重要源泉。

传统体育作为生活中自然派生的习俗文化，能够强化人们之间的自我认同，使人们凝结为一个精神共同体，产生凝聚力，对本族文化进行传承和发展。

传统体育活动形式多样，参赛人员不一，有以个人为参赛单位的，也有以一个族群或者一个村寨为参赛单位的。男女老少欢聚一堂，参与者为了集体的荣誉而奋力拼搏，旁观者为队员摇旗呐喊，或唏嘘，或欢呼，每一个成员都自然而然地主动参与到本民族的传统体育活动中。通过这样的形式，使得每一位成员都能相对稳定地保持着共同性，任何个人的、例外的做法和想法，都在传统体育文化和习俗的影响下趋同一致。人，天性具有强烈的亲和需要和得到他人认同的愿望，生活在群体里的每个人都希望得到群体中其他成员的认可，能融合在整个群体中，和群体内的其他成员能亲和联系、和睦相处，这些愿望有时甚至都超过了他们的生存愿望。他们渴望得到他人的认可，渴望融入群体，如果他们缺乏亲和联系，常常会导致激烈的内心冲突，有时甚至可能导致精神障碍。

传统体育是以身体活动为特征的文化活动，其目的最初是游戏而非竞技或弱化竞技。人们在不太规范的游戏规则中相互嬉戏游乐，平时互不理睬、“老死不相往来”的心一下子就拉近了。

传统体育文化容易使个体成员产生文化认同感和群体归属感。这种文化认同感和归属感会使群体内产生凝聚力，继而激发每一个民族成员团结向上，自觉维护民族文化和民族精神的愿望，也使每一个个体被群体的文化所影响。

(二) 教化育人

传统体育在各民族的教育和文化传承中起到了不可替代的作用。在人类历史的早期，人们主要通过口传身授的方式传递劳动与生活技能。例如“叉草球”就是为培养孩子们叉鱼的兴趣和技巧，而开展的一种集娱乐、生活特别是有助于提高渔猎生产技能的体育活动。随着生产力发展和社会分工的扩大，为适应培养更多人才的需要，教育与生产劳动逐步走向分离，需要在专门的场所进行，这就出现了学校。

据史料性的文字记载，约在公元前 17 世纪以前的夏朝，我国就已经出现了学校。随着教育的主要形式——学校的不断成型和成熟，国家开始设立了专门学校，中华民族传统体育活动也被列为我国学校教育的教学内容之一。例如，西周时期，“射、御”便都成了“六艺”（礼、乐、射、御、书、数）的内容，被教育者运用到了有组织、有目的的教育体系中。

国家的巩固、社会的发展等都需要优秀的专业型与全能型人才，为有效地实现对所需求人才的系统培养，近代我国学校体育教育中设立了以武术为主体的传统体育课程。到了现代社会，传统体育的内容更加丰富，传统体育项目内容都主动地融入我国传统体育文化教育（学校课程教学等）之中。例如，在华南地区，传统武术自不必说，就是传统的南狮、舞龙、龙舟、秋千、象棋、歌舞等体育项目，以及源于中原一带的举石锁、踢毽子、打陀螺，北方的摔跤、溜冰、马术等，也已呈现出明显的岭南地域文化特征，它们中的许多项目现都已成为我国传统体育运动会正式比赛项目及学校教育的主要教学内容。东西南北中，传统体育文化教育交融，全国教育教学资源共享，丰富多彩的传统体育运动竞赛与文化教育，无论从形式到内容，在我国大、中、小学校教育中，都担任着非常重要的角色。

传统体育文化对社会和人的作用影响持久且深远，对广大民众的教育作用主要是从以下三个不同的层次体现出来：

第一层次：表层次的直接感知。广大的民众通过各种渠道直接感知具体的传统体育项目，从具体的传统体育项目中寻找风俗习惯、文化传承，以及生活方式、审美价值等，都会直接映射到群众的心里。

第二层次：中层次的参与学习。当受众直接参与到具体的传统体育项目学习时，就会对该项目中所包含的传统体育文化的内涵、制度、规范、规则等层面直接接触，参与内容的体验与感悟，这对广大民众具有规范性、指导性的影响。

第三层次：核心层次的潜移默化，广大民众通过多年的学习和体验，对传统体育项目的理解大多已从器物技术、制度习俗逐步过渡到传统体育文化所蕴藏的精神、性格、价值观念、信仰理念、思维模式等核心内涵。在这一阶段，传统体育所包含的文化内涵已表现为他们的运动形式、生活方式，内化为他们的生存方式和行为规范。

岭南文化孕育了南狮、英歌舞、布马舞、麒麟舞等技艺，这些武舞类技艺表现的英雄性和刚烈气，正是岭南文化在以往不同发展阶段中的表现形式之一，影响了一代代的岭南民众，例如，流传于潮汕地区的英歌舞，表演融入了武术动作，并配上了变幻多样的阵势图形，整个表演威武勇猛，又矫健有力，演绎了潮汕人一种顽强不屈的性格和勇往直前的精神。

因此，在学校体育教育课程中开展了传统体育课程，这让传统体育走入了课堂。我国体育教学的内容在不断地进行丰富，这给学生提供了更多的体育锻炼的项目选择，而且有助于培养学生坚强的意志品质和团结协作的集体主义意识，更是学生了解认识民族文化、增强爱国情怀的有效途径之一。在道德修养和审美情趣的培养方面，传统体育文化都发挥着不可替代的作用

（三）促推经济

在人们已有的认知中，武术的经济主要来自保镖、保安、市井表演、武术器械制作等方面，总体而言，我们所了解的这些经济来源仍不能成为或充当几千年来的传统武术生存和发展的主要功能。武术尚且如此，其他传统体育项目所具有的经济功能则更构不成其得以保障核心竞争发展力的理由。改革开放后，人们逐渐认识到传统体育的经济价值。

1. 教育带给武术巨大的经济利益

我国社会武术馆校的规模扩大、数量增多、质量提高、逐渐发展。自 20 世纪 80 年代以来，我国各类武术馆校蓬勃发展，初具规模。曾有资料显示，河南作为武术的圣地，使登封成为亚洲乃至世界上最大的中国武术教学训练基地。社会武术馆校的蓬勃发展，带动了“产、学、研”一体化之路，促动当地经济和文化建设发展的进程，给地方带来了较好的经济效益。

2. 以竞赛为主导的武术产业化不断完善

武术竞赛体制已经建立并不断完善，其产业化程度越来越高。我国武术比赛一般由国家体育总局和地方体育局负责，或由总局委托企业举办的商业比赛等多种形式并存。特别是商业比赛的举行，是明显的经济行为，已构成了较为成熟的相关产业发展链，经济效益可观，其收入来源主要由赛事冠名收入、门票收入与赛场广告三部分组成。

3. 武术艺术表演市场日益成熟

武术与艺术，特别是与表演艺术的结合，是人们生活的需要，更是社会发展的需要。随着电影《少林寺》的走红，功夫片作为一种电影类型受到人们喜欢，武术与电影结合，使以武术为题材电影受到观众的热捧，长久不衰。一系列武侠电影、电视甚至舞台剧不断呈现，如《黄飞鸿》《霍元甲》《神雕侠侣》《精武门》《倚天屠龙记》《南北少林》等让观众经久不忘，获得了巨大利益和经济价值。国际功夫巨星李小龙、成龙、李连杰等更是让中国武术在世界各地大放异彩，受到全世界多国人民的追捧，武术表演开始成为一个热门行业。

4. 武术节庆活动日益活跃

随着市场经济的逐渐发展，武术开始有了自己的节日和盛会，这些都是它经济价值日益凸显的结果，政府越来越重视，许多活动还被纳入了政府举办活动的范畴。

除此之外，现在我国许多传统体育项目的经济功能也已经逐渐被开发出来，有些还显示出了很强的希望之光。如广东的南狮产业，早已成为佛山、南海、顺德、番禺、肇庆等珠江三角洲地区的重要经济内容，已融入人们的生活和风俗之中，与地方民俗文化相连，与人们的生活息息相关；海南黎族的跳竹竿，已成为琼州各地旅游度假村的特色项目。竹竿舞还走入了博鳌亚洲论坛年会上，成为年会上一道亮丽的风景线，外国游客亲切称之为“世界罕见的健美操”。江苏常州、浙江温州、湖南汨罗、广东珠江三角洲等地的龙舟竞赛，山东潍坊的风筝节及各地的传统体育旅游等都给当地带来一定经济效益。

中国传统体育文化能极大地满足和丰富人们的精神生活。利用体育资源，融合地域特色经济，对各地区经济的发展都起到了积极的促进作用，体现传统体育文化的特殊作用和经济价值。

（四）健康益智

世界卫生组织（WHO）提出：所谓健康，并不仅仅是不患病，还应包括生理、心理、社会适应能力和道德上的完美状态。也就是说，健康是在精神上、身体上、社会适应及道德修养上保持健全的状态。结合适宜的身体运动，通过有意识地调节自身的精神状态，保持人体身心健康，已成为体育健身原理的重要本质规律，我国传统体育中的许多运动项目都诠释了这样的原理。如“五禽戏”“八段锦”等传统体育养生项目，以及太极拳、八卦掌、形意拳等内家拳及其他内外家的武术项目，均强调内外兼修，形神兼备。

太极拳运动具有公认的且其他项目难以复制的健身价值。太极拳是一种防止老年人跌倒、预防和治疗高血压病、高血脂、糖尿病，减除老年抑郁症、延缓衰老具有较好效果的运动项目，在国外太极拳被称为“流动的药”。

在我国传统体育运动会开展的竞技项目中，如木球、珍珠球等对参与者的身体素质都有着较高的要求，通过这些项目的锻炼能全面提高身体的各项机能。其他具有特色的娱乐游戏项目——如跳皮筋、跳绳、荡秋千、爬杆等以娱乐健身为目的，更适合广大群众进行锻炼的体育项目，通过这些项目的锻炼，可以改善和提高中枢神经系统的机能，调节人的心理，提高人体对环境的适应能力，提高生活质量。

此外，中国传统体育还是技能型的艺术表现形式，既需要技艺的掌握，又需要技能的保障，具有极佳的表现力和观赏性。如我国少数民族运动会的比赛，就是一次难得的综合性艺术大餐。其竞赛内容丰富，形式多样，不仅是体育项目的优劣、高低、快慢、轻重的比拼，更是充分体现了参与者不屈不挠的斗志、奋发向上的精神、勇往直前的气魄和胆略。对于比赛节奏跌宕起伏、高潮频起的项目，观众时而为之欢呼，时而为之叹息，兴奋、焦急、赞叹、沮丧，心潮起伏，情绪激荡，人们从中获得了心理共鸣和精神享受。反之，艺术表演项目则载歌载舞，在轻松愉悦的氛围中，让观赏者体会到传统的魅力以及体育的风采。民族节日时，自娱自乐的消遣性游戏使每一个成员都能参与其中，极大地增加了节日的欢乐气氛。集体活动能锻炼人，欢乐气氛能感染人，在这样多姿多彩的集体氛围中，参与者全身心投入，乐在其中；观赏者赏心悦目，接受着情感的洗涤、心灵的放松、精神的享受，最大限度地起到了消除紧张神经、缓解疲劳、身心放松的重要作用。

智力包括认知能力、记忆能力和观察能力。青少年、儿童通过参与各种传统体育活动或其他运动，能够感知到各种不同形状的器械、场地。已有研究表明：青少年、儿童对不同体育项目的运动及其不同器材、器械的形状物体进行认知加工，可以有效地提高他们的认知能力；青少年、儿童通过参与体育运动，对体育器械、队友的位置、比赛的环境和过程都会仔细地观察，从而提高他们的观察能力；对比赛情景和比分的记忆或回忆，能提高他们的记忆能力。也有实验表明：象棋、围棋、桥牌等运动员的复盘能力比其他人强，这说明参与这样的运动能提高其记忆能力。另外，体育活动有助于大脑皮层的供血，使思维的物质基础得到充足的能量供应；运动有助于唤醒大脑皮层的适宜兴奋度，可以促进神经元之间神经递质的快速沟通，运动有助于大脑皮层不同神经中枢的协调，使思维的整合速度得以加快等。

中华民族在长期发展与演变的历史进程中产生了独特的优秀文化，以丰富的内涵和多彩的形式成为东方文明的鲜明代表。传统体育是这一文化宝库中的璀璨明珠，它是人们长期实践经验的总结与积累，也是中华民族地理环境、社会生产、民俗生活、政治军事、文化等作用于体育的产物。特殊的社会生存环境及其发展轨迹，赋予了中华民族传统体育更宏大和厚重的文化功能。

第四节　传统体育文化的品质与价值

一、传统体育的文化品质

中国传统体育是一个庞大的、和而不同的体系，包含着诸多不同的体育形式和文化系统，是中华民族文化和体育文化的聚合。在这个聚合体中，以中原汉族体育为主导，融合了周边各个民族体育的精髓，形成了内涵突出、外延广泛的文化品质体系。

中国传统体育是一个历史悠久的体系，容纳着中华民族成百上千年的文化特质，是中华民族体育文化的漫长积淀成果。在这个积淀成果中，保持着中华民族特有的价值体系，也吸纳了无数的异质文化优秀成就，形成了底蕴深厚、表现丰富的文化品质体系。

中国传统体育文化品质的庞大和悠久，得益于它能够在长期相对封闭的自然环境中悠然自得地将渗透其中的诸多因素进行充分的融合、涵化，最终形成具有独特本质和属性的稳定的文化品质。

(一) 影响中国传统体育文化品质的因素

主流意识和文化惯性是对中国传统体育文化品质产生深刻影响的两种因素。下面分别加以详细说明。

1. 主流意识的影响因素

一定时期内一个社会占主导地位的意识形态一般是国家意识形态，包括整个国家的主体价值观念、治国理念和政治思想等。主流意识包含各种社会学说，例如政治、经济、哲学、法律、道德、艺术等；主流意识还包含各种思想观点和思想体系。其中，主流意识中最核心的意识是政治法律思想，政治法律思想是占统治地位的阶级在日常生活中的一些决策的集中体现——包括政治纲领、执政理念、方针政策、价值取向、行为准则等。

中国历史各个朝代的不断更迭，统治阶级的主流意识也在不断演变，已具有悠久的历史，主流意识促使中华民族社会不断发展，文化不断积淀。

主流意识在对社会发展、文化发展起着影响时，它自身也会受到各种思潮的影响，如“六经”理论，它是对中国政治的主流意识产生巨大影响的一种理论。中国统治阶级以“六经”为主流，将经典的理论，融会于国家的政治制度之中，同时还融入于道德伦理、文学艺术和语言的思维方式之中，使中华民族的文化传统得以延续和发展，没有出现文化断层，保持着高度连续性。

概括地讲，中国历史各个阶段都存在着多种思潮，这些思潮共同影响着中国政治的主流意识，主要体现在“尊君”“重民”两个方面。这两个意识范畴，既相互对立，又相互依存，“尊君”，即权力都集中在国君手中，国君具有至高无上的权力。中国社会自从秦朝开始全面实施君主专制，明代达到登峰造极的状态，直至清代截止。

“重民”指重视民众的利益，民众是国家的重要组成部分，也是家国一体的基本成分；“重民”必须要重视民众的生活、重视民众的权利、重视民众的凝聚力，要以民为本，这种主流意识要求在重视君王的同时，也要重视民体，其中存在着“重民”“惜民”“爱民”和“恤民”的民本思想。

2. 文化惯性的影响因素

世界上很多国家和地区的文化都出现了断裂层，而中国的传统文化却保持着高度的连续性，因此中国的文化具有较强的稳定性和文化惯性。

文化惯性是一种共识文化，是经过长期的积累和升华后形成的。在一定的历史条件下，文化惯性会使人们自觉地遵循共同的价值观念和行为准则，以及表现出持久的内在力量。

文化惯性是思想观念、价值判断对社会的进步和文化的发展都起着积极的推动作用，文化惯性作用于社会，又影响着文化事业的发展。

传统体育文化在主流意识、文化惯性的双重影响下，使其文化品质也具备了与之相吻合的特征和表现。

（二）传统体育文化品质基本构成

传统体育文化品质主要包括“仁爱”“礼教”“责任”和“社群”等构成内容。

1. 传统体育文化的“仁爱”品质

在中国的思想意识体系中，最重要的概念就是“仁”。“仁”是自我对他人的态度，对他人的关怀和爱护，或者是对他人施以恩惠。“仁义礼智信”中“仁”是首位的因素，它是中华民族文化中发挥着核心作用的道德概念。“仁”在孔子之前是指对双亲的情爱，之后逐渐演化成一种普遍的“仁爱”，甚至到后来“仁爱”从社会伦理进一步拓展到人对自然的爱护。

这种以相互关爱为基础的“仁”与“爱”的伦理，与传统体育存在着出发点的差异，体育的灵魂是竞争，无论是西方的直白竞争，还是东方的含蓄竞争，竞争是体育文化的核心，毕竟体育包含着人的自然化和自然的人化两个对立成分，只要是存在竞争，就必然会导致人的本能的表露，其中有一个难以泯灭的本能是人的攻击性。体育实际上是激发、维持人的攻击性的合乎社会规范的人为领域。中国传统体育中含蓄的竞争同样将人的攻击性和攻击行为进行了很好地保护和拓展，武术就是一个鲜明的案例，始终强调着技击本质。

在传统体育中，曾经有专门的项目直接地进行着“仁爱”的教育，比如唐代的十五柱球戏，时称“木射”。在唐代陆秉的《木射图》一书中记载有这项活动的方法：在场地的一端，设置十五个筒形平底木柱，在每个木柱上分别用朱笔写“仁、义、礼、智、信、温、良、恭、俭、让”十字和用墨笔写“傲、慢、保、贪、滥”五字。在场地的另一端，参赛者用木球抛出击倒木柱。以击倒写有红字的木柱为胜，击中写有墨字的木柱则为败。因这项运动以球当箭，以木柱为靶，故称“木射”。由木柱上的字看，这显然是一项寓德育于体育的活动。“仁爱”积极地诱导，可以有效地弘扬人性之善。智慧地改良，可以有效地发现人性之善。

2. 传统体育文化的“礼教”品质

中国古代的文明可以被称之为“礼教文明”，“礼”占据着十分重要的地位，构成礼仪之邦的根基，辐射影响着东方文化。“礼，经国家，定社稷，序民人，利后嗣。”（《左传·隐公十五年》）“礼”的实践是行仁的基本方式，原为贵族社会的生活礼仪，后来这项具有社会控制作用的内容被广泛地运用于人的行为规范，成为人们文明自律教养的基准。李泽厚认为人的自律、自觉行为是一种心理认同过程。“君子敬而无失，与人恭而有礼，四海之内，皆兄弟也。”“礼”成为中华民族的文化品质。“礼”具备精神、态度和规定等层级，“敬让他人”是为礼的精神，“温良恭俭让”是礼的态度，礼仪化的行为模式是礼的规定。自成体系的“礼”成为和谐社会的有力保障。

当社会处于太平状态下，人处于平和情况下，“礼”的实施和表现不会遇到挫折。而当社会出现动荡，人面临威胁时，“礼”的作用和能量似乎显得十分羸弱。在人的进化历程中，自然属性拥有强大的能量，随着社会化程度的加深，人的思想意识才逐步得到提升，表现出文明的状态。在遇到困境时，人的自然属性会被激发发现，人更多的是遵循自然的法则保护自己。社会规范的力量只能在人具有强烈的意识状态下才能完整地发挥作用。在这个方面，体育是一种比较有效的方式和方法，在极端状态下，通过“礼”的约束，降低人的自然属性程度，提高人的社会属性，使人达到“敬让他人精神”的高度，并时刻保持这种品质。这种通过外力作用引发人的自觉的措施得到了统治集团的高度重视，也得到了人们的普遍认同。

在中国古代教育体系中，“礼”成为首要的内容。“六艺”中以“礼、乐”为基础，随后才是“射、御”和“书、数”。礼教观念为主体的教育普及不仅决定着群体和民族思维方式，更是一种决定文化走向的根本前提。

在传统体育中，“礼”成为一种追求的目标，成为一种传承文化规范的约束力量。传统体育在“礼”的具体化、普世化中做出了突出贡献，其中“射礼”最为典型。射礼当时分为两大类：大射礼、乡射礼。大射礼是天子、诸侯、卿大夫的射；乡射礼是卿大夫、士、国人的射。根据不同的用途与目的，大射礼又分为大射、燕射、宾射三种。乡射礼有两种：三年一次的乡射之礼和春秋两季的乡射。不同的射礼，所奏乐不同，设置的侯（即箭靶）不一，这自然是为区分等级，以便“明君臣之义”“长幼之序”。而且，还要求每个射箭的人，一切动作都要合乎周礼的规范和要求。正如卡西尔所言人是符号的动物，人类的确巧妙地运用着各种符号对自身和自然进行着深刻的改造。通过“射礼”这类符号化活动，进一步明确了人类言行的规范，有利于提高人的社会化程度。传统体育活动无论竞争程度如何，都包含着“礼教”，以娱乐为主的投壶中拥有礼仪，以角力争锋为主的摔跤中也有礼仪，“礼教”融入了中华民族传统体育文化的各个方面，成为传统体育文化的核心品质。中华民族传统文化的强大辐射作用，影响着周边的东南亚各个国家的文化。日本人较好地继承了中国武术的传统礼仪，使得武士们的野性在武士道的礼教主导下生长，辅之茶道、舞道、诗道等多重礼术约束，发生了重大改变。日本的茶道的兴盛在一定程度上得益于武士，因为品茶缓释了武士的急躁和野性，赏茗铸造了文雅和高尚，所以茶道的功效远远超越了茶本身，升华为一种具体化的“礼教”规范。这类具有强烈对抗性的体育文化，主动抑或被动地接受“礼教”的洗礼，是为自身的生存开辟新空间的理性选择。如果，中国武术不进行礼化，随着冷兵器时代的结束，它的命运也就即将完结。日本的柔道、韩国的跆拳道不进行礼化，同样在今天不会具备进入奥运会的可能。从这个角度而言，体育文化的人化程度决定着它的生存，体育文化的品质高低决定着它的发展，体育文化的不断进化决定着它的长久。

3. 传统体育文化的“责任”品质

中华民族自古一直盛行“忠孝仁义礼智信”，至今已有几千年的历史，其中的“忠”“孝”“智”“信”都是要求个人应尽的职责，“忠”是指要对国家尽责，“孝”是指要对父母尽责，“智”是指要对社会尽责，“信”是指要对他人尽责等。

北宋杰出的思想家、政治家、文学家范仲淹在《岳阳楼记》中有诗云“先天下之忧而忧，后天下之乐而乐”，就是要把国家和民族的利益摆在首位，应为祖国的前途、命运分忧尽责，为天底下的人民幸福而尽责出力。南宋文学家、民族英雄文天祥的《过零丁洋》中有千古名句“人生自古谁无死，留取丹青照汗青”，也充分体现了应为国尽责的高尚品质。这些都是中华民族责任意识的集中体现。

传统体育是修身的重要组成部分，体育强身健体的本质功能是人类活动中最切实、生动地实现。通过传统体育的身体行为实践，律己的自我有意识地作用于放任的客体自身，使民众身体强健、心理健康、品德高尚、坚守节操，可谓是内外兼修，充分实践着中华民族“内圣外王”理念。

中华传统体育文化随着时代的发展，它的责任品质一直在延续。现代四年一届的奥林匹克运动会，我国的参赛运动员为了为国尽责、为国赢得荣誉，刻苦地训练着，无怨无悔，在比赛时拼尽全力，不到最后不放弃的精神都完美地诠释了中国传统体育文化的“责任”品质。

对于一些团体项目，如赛龙舟、游泳比赛等，为国家尽责是大义，同时还要为队友尽责，和队友默契配合，最终赢得比赛，这些都是体育文化的“责任”品质所在。只要参赛者尽力了，有的时候成绩即使不理想，群众也会支持他们，这就是群众爱国意识的体现。

4. 传统体育文化的“社群”品质

人在社会化进程中，从个体走向社群，成为社会化的生灵，成为社会的主体。在这个社群中，人逐步被规范、孕育为守德、遵规的个体品质。道德和法制建立在一个社群之中，成为社群有机结构的重要部分，守德、遵规的社群品质成为人的社会化突出特质。在这两方面，任何社会无论是宗法制，还是契约制，道德都是法治、纪律的思想基础。因为道德是人自己建立起来的、从内在的心理发挥作用建立起来的约束机制，法规则是不得已的外在的制约因素，内因是变化的根本，因此，两者的关系是相互依存的。

由于人的私欲的存在，人与人之间必然出现功利性关系，当利益发生冲突的时候，个体的私欲往往会破坏群体的利益。为了能够有效地控制个体的私欲，尊重和保护多数人的利益，人们发明、创造和完善了各种社会控制手段，以求达到和谐社会的状态。和谐总是理想的一极，残酷的现实分裂是另一极，人处于两极之间不停地摆动，不时地被社群道义等理性所牵引偏向和谐。相对而言，非理性的私欲的力量作用也非常明显，时常将人引导至所谓的以人为本、重视个体权益的一极，导致社群的分裂。为了防止分裂，人类社会创造了包括价值观念、生活方式、行为模式、思维方式、规章制度、法律法规、警察军队和国家政权等社会控制手段，以避免分裂，实现和谐。这些内容可以从施加于人的方式上分为软控制和硬控制两种：软控制发挥着教化的作用，硬控制实施着强制管控的作用。但是，体育是一种被社会所忽略的一种有效社会控制体育，对人的控制都是在人自愿基础上实施的，即使存在被动的状态也是人参与其中后为了更高的利益自愿接受的控制。在这个过程中，体育将社会的控制方式进行了特化，产生体育文化特有的方式。这种特殊的控制方式，可以分为东方体育的“德控制”，比如武术的武德；西方体育的“则控制”，比如竞技体育的规则：其目的都是将人以及由人组成的社会建设成为具备公共道德和规则的社群品质。

传统体育还将人群从家庭这种初级群体中分离出来，形成一个特定的群体、构成以师承关系维系的体育社团，从中强化社群意识，实现家与国的衔接。比如守德的习武群体，宋代的各种结“社”便是典型案例。

对于有常年征战史的民族来说，尚武意识浓厚，要想对他们加以控制，就必须通过道德意识引发他们的共鸣，对他们动之以情，再晓之以理，而不宜采取粗暴的手段来控制。

在中华民族，习武之人注重武德的培养，他们信奉“尊师重道”“以武会友”“点到即止”“身心双修”等理念都是具体化的道德规范和表现，这些皆被称之为中华武德，得到了广大习武人群的普遍认可、认同并遵循。

随着社会的不断发展、文化的不断积淀，这些行为规范与准则在不断完善、不断充实，使得我国传统体育文化具备了社群品质。

（三）传统体育特有的“健身修心、德技双馨、成己兼善”品质

传统体育在中国民族文化的滋润熏陶下逐渐发展、成熟，同时也烙印上了中国文化特有的文化品质，使之含有文化底蕴，有文化理论做指导，在文化底蕴的孕育下慢慢成长。我国传统体育注重“修身修心”、天人合一、身心双修，这是它的三大文化品质之一；同时，它还注重“德技双馨”，注重均衡发展，追求至善至美的境界，这也是它的三大文化品质之一；另外，它还追求“成己兼善”，以集体利益和国家利益为重，这同样是它的三大品质之一。下面分别就我国传统体育的三大文化品质加以阐述。

1.“健身修心”

传统体育的三大文化品质其一就是注重修身同时也修心，既要强健人的机体，又要锻炼人的身心，还要磨练人的意志，这正是受到中国传统文化影响的结果，中国传统文化注重天人合一，以人为本，达到身心双修，这些文化品质在不断地影响着传统体育活动，这些文化品质也是传统体育中的特化，追求身体素质和意志的全面发展，可谓身心双修。

在客观的现实中，传统体育充分体现了人的主体地位和价值，比如在重民意识下，人成为社会生活中最被重视的主体，体育活动内容就是为人服务，成为塑造纯洁心灵的载体。

2.“德技双馨”

传统体育的三大文化品质其二就是既追求道德水准发展，又追求竞技能力提升，即“德技双馨”。指人要以道德为本，要尚义薄利，注重道德修养，培养高尚的品德。同时，要追求竞技能力的不断提升，使德技两方面得到均衡发展。

传统体育首要的追求是道德修养，将身体行为纳为完善道德的系统之中，使人们在从事艰苦的人体文化中历练达到君子人格，做到谦德不争，争而有节。即使最初的搏击、改进的技击和升华的技法等身体行为达到很高的水准，如果没有高尚的品德，依然不被世人所认同。

3. “成己兼善”

传统体育的三大文化品质其三就是在追求自我完善的同时，更要以群体利益和国家的利益为重，把群体利益和国家的利益放在首位。通过传统体育完善自我，积累国家的健康资本和能量，以求完成报效国家的重任。

“健身修心、德技双馨、成己兼善”作为传统体育的文化品质，始终发挥着对国人和世人的激励作用，在全球化进程中，这种以塑造生命、人性价值为宗旨的文化品质将会发挥更深远的影响。

传统体育文化价值是中国对人类文化的贡献，是值得不断提炼的，是需要后人一代一代去继承、完善并推广的一种普世文化。

二、体育文化的价值

体育是中华民族文化的重要组成部分，它是在人类的生产生活实践中产生，并慢慢地发展起来，与各民族的生产和生活息息相关，并扎根于各民族的文化中。

传统体育文化是一种传承的民族文化形式，它充分地体现出民族心理。

传统体育是现代体育的重要来源，在它不断地发展演变中体现自身的文化价值，紧跟时代的潮流。因此，我们要用发展的眼光去看待传统体育文化，让它随着时代的进步而不断更新完善，能充分体现出现代体育的观念和新的文化价值。

传统体育文化的价值主要体现在以下六个方面：第一，“强身健体，身心兼练”，即追求身体和身心全面发展；第二，“丰富精神生活，提高生活质量”，即精神需求和生活质量全面满足；第三，“发展民族心理素质”，即增强民族情感、意志、性格、气质和民族自我意识；第四，“传承教育与文化”，即弘扬体育文化，并加以传承；第五，“促进经济快速发展”，即注重在体育文化发展的同时，与经济齐飞；第六，“培养民族认同感，增强凝聚力”，即培养人们的团结意志、协作精神和民族情怀及爱国情怀。

下面针对这六个方面分别加以详述：

（一）强身健体，身心兼练

传统体育文化的价值其一是“强身健体，身心兼练”，即追求身体和身心全面发展。传统体育活动来自人们的生产生活实践中，与人的实践活动联系紧密。它要求人们参与运动时要全身心投入，追究体育活动的价值所在，既能娱乐身心，又能改善体质，提高人民健康水平，因此，传统体育运动的目的之一是以健康为主，追求强身健体、益寿延年。

强身健体是其功能之一，通过体育运动锻炼能提高人的运动能力，改善和提高人的中枢神经系统机能。通过体育运动锻炼，还能调节人的心理，提高对环境的适应能力。对于青少年而言，体育运动锻炼还能促进其生长发育及脑力的开发。

我国传统运动会中开展的竞技项目均对运动员的身体素质有着较高的要求，目的是能全面提高运动员的身体各项机能。而一些具有民族特色的娱乐游戏类项目，像跳绳、爬杆、拔河、荡秋千等运动更适合广大群众进行锻炼，这些项目开展的目的是让广大群众进行健身锻炼。经常锻炼，不仅可以使身体强健，提高身体的柔韧性，还能愉悦身心，促进身心全面发展。

当今社会，生活节奏越来越快，工作压力越来越大，参加体育锻炼已然成为越来越多的人的主动选择。他们锻炼强健身体是其次，更多的是为了在锻炼中释放工作压力。因此，体育运动健身价值的开发越来越广泛，体育健身在未来社会中发挥着更加重要的作用。

（二）丰富精神生活，提高生活质量

传统体育文化的价值其二是“丰富精神生活，提高生活质量”，即精神需求和生活质量全面满足。体育运动功能很多：能增强人的体质，提高肌体活力，还能发掘人的潜力，除此之外，体育运动还能调节人的心理，并满足人的精神需求。

保持人们的健康精神和提高生活质量是体育运动文化的价值中所体现的一部分。参加体育运动以娱乐身心为主要目的，传统体育能够满足人的身心需要，而且还与文艺、舞蹈等融合在一起，这样不仅丰富了传统体育节目的多样性，而且更能体现其娱乐性。

在各色各样的传统体育活动中，人们在享受着这些活动的同时，也在受着这些传统文化的熏陶。这些体育活动不但能使参与者身心愉悦，而且还能帮助他们拓宽社会交往，增进情感交流。进行体育锻炼还能让人们时刻保持一种积极向上、乐观开朗的心态。

随着社会的发展，也带动了体育运动的发展，为了更好地满足人们的精神需求和提高生活质量，体育功能也朝着多元化的方向发展，体育运动形式日益丰富和多样化。

（三）发展民族心理素质

传统体育文化的价值其三是“发展民族心理素质”即增强民族情感、意志、性格、气质和民族自我意识。体育运动具有广泛性和社会性，致使体育已成为国家中最强有力的文化传播工具之一。因此，很多国家都非常重视体育的发展，我国也不例外，每年在体育方面投入的经费比例都很大，即使有些运动一直不理想，但国家也一直没有放弃对它的支持，因为体育精神代表着一个国家的文化程度和精神面貌，同时也是一个国家国力强盛的体现。

当今时代，要想在世界上获得更多的主动权，就必须要振兴民族，使国家强盛起来。要国家强盛，就要振兴民族文化，这离不开民族精神，而体育文化是一种民族精神的象征，它能维系民族感情、增进民族的团结和凝聚力。

重大国际比赛的举行，例如奥林匹克运动会、世界锦标赛、世界杯等，能使国民的民族感得到巨大的提升。通过这些比赛，使民族精神得以升华，参赛运动员的完美表演、拼搏精神，使爱国激情得以张扬，这些会增强民族的凝聚力，提升人们的爱国情怀，为国家腾飞、民族昌盛提供无法估计的精神力量。

传统体育文化的功能可以提高民族心理素质，这些素质包括民族情感、意志、性格、

气质及民族自我意识等。体育作为一种全球化的社会文化活动，有利于增进国家之间的友谊，也能促进人际关系，同时也是拓宽人际交往的一种有效渠道，还有利于改善民族关系，促进各民族地区的经济与文化交流与和谐发展

（四）传承教育与文化

传统体育文化的价值其四是“传承教育与文化”，即弘扬体育文化，并加以传承。

从传统体育产生到发展，它始终与教育有着非常密切的联系。传统体育作为教育的内容和手段，教育作为传统体育的理论和指导，它们相互促进，相互融合，在传统体育历史发展的过程中发挥了积极而重要的作用。

人类早期阶段，由于没有文字和书本，所以传统体育是通过身体活动的方式来实现的，例如通过娱乐游戏和舞蹈等来传达。据《中国古代教育史》记载：“人们不仅能在生产实践、社会活动中受到教育，还能在政治、经济和文体活动中受教育，他们利用游戏竞技、舞蹈、唱歌、记事符号等进行教育。”

到了西周时期，由于生产力的进步，民族文化也随之进步，教育内容得到发展和扩大，学校教学以“六艺”为主；到了春秋末期，中华民族的“圣人”孔子将“六艺”中与体育有关的内容列入了教育的范围；唐代出现了武举制；宋、明、清时期，出现了武技；近代，体育正式走入学校课程，从而进一步确立了体育在教育中的地位；中华人民共和国成立后，成立了体育学科，也出现了很多体育高校，例如北京体育大学、上海体育学院、武汉体育学院、成都体育学院等国内顶尖和高水平的大学。传统体育在高校教育中得到了快速发展。除此之外，还有一些传统体育项目被编入了幼儿园和小学的体育课，如秋千、跳山羊、武术、抛绣球等。

将传统体育融入体育教学中，不仅丰富了学校的教学内容，更激发了学生的学习积极性，更加重要的是培养学生坚强的意志和团结协作的精神，弘扬中华民族美德，使中华传统美德得以不断传承和发扬，传统体育在文化传承的过程中，不断培养民族认同感，广泛弘扬民族精神，充分体现着自身的教育价值和意义。

（五）促进经济快速发展

传统体育文化的价值其五是“促进经济快速发展”，即注重在体育文化发展的同时，与经济齐飞。体育运动的发展需要物质和人力、财力的支持，因此，传统体育的广泛深入开展，需要大量的财力支持，同时也具有巨大的经济价值。体育运动的发展也会带动相关产业的发展，带动经济振兴，促进经济发展。关注传统体育开展的大量人群，是传统体育的经济消费主体，也是传统体育的经济价值得以发扬的社会市场。

我国一些传统体育项目在20世纪80年代后期开始逐步走向国际，这也极大地拓展了其活动空间，由此带来的联动效应推动了传统体育的产业化，中国的武术用品生产厂家就是在这样的条件下产生和发展起来的，而武术馆校也遍布全国各地，达到上万家之多，由

此带来了良好的经济效益。

20 世纪 90 年代以来，开始产生了一系列武术盛会和武术节，举办武术节产生了良好的经济效益，一次盛会有可能获得上亿元资金的收益甚至更多，由此聚合了大量的人流、物流和资金流，这些为形成体育产业链提供了便利条件，为拉动地方经济增长做出了巨大的贡献。

随着时代的不断发展，人们对物质生活和精神生活的追求日益提高，这些促使传统体育迈出了新的步伐，在这些改变中会越来越凸显出传统体育在人类社会生活中的重要地位和价值。

(六) 培养民族认同感，增强凝聚力

传统体育文化的价值其六是“培养民族认同感，增强凝聚力”，即培养人们的团结意志、协作精神和民族情怀及爱国情怀。

传统体育很容易使参赛人员进行情感交流和思想交流，能不断增进相互间的了解，传统体育还增强了民族内部认同的效果，使人民思想统一，从而实现对国家和社会的认同感。

对于一些集体性的传统体育运动，人们在参与过程中可以培养彼此间的团结、协作精神。通过这些体育运动人们的群体意识得到了加强，另外，群体性的传统体育运动还对增强民族认同感和凝聚力起到重要作用。而那些竞争性较强的运动，往往更能培养参与人员间的集体荣誉感，达到群体成员彼此间相互认同的效果。

传统体育作为一种文化载体，在对加强民族团结、政治统一、国家兴盛等方面起着越来越重要的作用。

第二章　传统体育项目

第一节　传统体育项目的形成及分布

传统体育有着悠久的历史、丰富的内容和浓郁的民族特点。传统体育在自身的发展过程中，形成了独有的文化特点。各具特色的中国传统体育，源于同天、自然环境和封建势力的斗争而进行的强身健体、习武保家的活动；源于祈福、娱乐怡情活动；源于长期生活、生产方式和社会实践中各族人民创造和形成的丰富多彩的体育项目。由于民族分布的特点，也决定了民族传统体育的根部情况是相互交错、错综复杂的。

一、传统体育项目的形成

中华民族传统文化源远流长，博大精深，传统体育项目的产生和形成，大致可以归纳为以下几种：

（一）生产与生活方式

传统体育是在劳动人民的生产活动中被创造出来的。在生产劳动实践中，劳动人民不仅创造了本民族的传统文化艺术，也创造了内容丰富多彩、形式灵活多样的传统体育，使生产劳动与体育天然和谐地统一。

中国是一个传统的农业国，人们为了扩大适于居住的环境，改善生活质量，不断对大自然进行改造。在对大自然进行改造的过程中，各种不同形式的自然难题需要人们不断地去克服，在这种克服自然难题的过程中逐渐形成了各式生产工具、生活内容、生活方式，体育活动作为社会实践活动的一部分，也是在此过程中逐渐演化而成的。如山地的竞走、江南的竞渡、大漠的赛驼、丛林的射弩、北国的冰嬉等，都保留了地域的生产工具与生活方式的烙印。先民们在传统文化中创造、选择、发明和发展起来的传统体育，历尽沧桑，经久不衰，推动了体育的发展。

（二）征战与狩猎

我国各少数民族无论大小都走过了一个从分散到独立、从战争到和平的历史发展过程，传统体育活动伴随历史的步伐深深印刻着历史的痕迹。例如蒙古族的起源和发展就充分地证明了这一点，蒙古族是生活在马背上的民族，精骑善射，因此体育项目必然与马匹、征战有关。

又如摔跤、赛马等运动都与战争有着不可分割的关系，射箭、套马等项目虽然是在狩猎过程中产生和积累而来，但在战争中得到不断丰富和创新，在体育活动中得到永久继承和发扬。这些运动项目不仅产生于本民族，而且在本民族得到广泛的展开和普及，从而具有普遍存在和广泛流传的群众性和世代传承性。

（三）民俗与婚恋

民俗是由人类社会群体生活的一种需要逐渐发展而来，在特定的民族和地域中不断形成、发展和演变，为民众的日常生活服务。

一个以牧业为主的民族，因其传统体育活动与骑马和放牧紧密联系在一起。最受男女青年喜爱的“姑娘追”就是他们长期劳动和草原生活的结晶，使婚恋与民俗在传统体育活动中体现得更加充分。

二、传统体育项目的分布

根据传统体育的地域性特征，我们按地区分成五大板块：西北板块，西南板块，东北板块，中南板块，东南板块。

由于自然环境、风俗习惯、信仰等方面的不同，不同民族的人民创造出了内容丰富、形式多样、特色鲜明的传统体育文化以及种类繁多的传统体育运动项目。

第二节　传统体育项目的分类

传统体育伴随着人民的生产劳动、信仰活动而孕育产生，其历史悠久、形态多样。经过历史的洗礼，传统体育在其发展过程中，不断相互融合、相互影响，发展到今天，传统体育项目更是丰富多彩。但是，随着全球化进程的加快和奥林匹克运动的不断发展，我国传统体育项目正在不断地遭受冲击，一些体育项目甚至处于濒临灭绝的边缘，抢救与保护传统体育将是当今从事传统体育研究与开发工作人员的重要职责之一。为了便于对传统体育项目进行认识，我们需要对其众多项目进行分类。

一、传统体育项目分类的依据

（一）民族的多样性

我国是一个多民族的国家，具有明显的民族融合和多元文化的特征。历史上的几次民族大迁移，使各民族间的文化相互渗透，相互融合。尤其是辽、金、元、清时期契丹人、女真人、蒙古族人、满族人进入中原，随之将少数民族文化带入全国各地，使汉文化一统天下的格局被打破，最终形成了既具有统一性又具有多样性的多元文化。近现代的民族政策，更是加速了各民族间的交流和传播，为形成具有多元体育文化形态创造了条件。

（二）文化的多元性

各民族由于受政治经济因素和独特地理区域的影响，形成了语言、文化等各方面的差异。因此，传统体育文化也就形成了自己本民族的特色，我国的传统体育文化形成了民族文明之林的一道独特而又亮丽的风景。传统体育项目与民族文化紧密相连，具有强烈的民族性。少数民族人民的生活情趣、民风民俗、生产生活方式以及信仰，为不同传统体育项目形成奠定了基础。

（三）地理的生态属性

传统体育是民众优秀文化传统的物化和表征。传统体育文化实践的主体是民众，生态气候和地理环境一定会影响到民众的活动，因此独特的地理环境和气候就相应产生了独特的传统体育文化。

二、传统体育项目分类的原则

（一）以实际任务为出发点

由于各种分类方法运用的分类标准不同，所要解决的实际任务自然也不同。所以，在具体运用时，要根据自身实际任务的需要，选择合适的分类方法。

（二）坚持实用性与科学性原则

传统体育项目分类的实用性是指实用价值高，便于使用，总结出具有规律性的东西，反过来再促进普及推广和传承使用等实践。传统体育项目分类的科学性是指分类标准的一致性和分类标准逻辑关系的严密性。在对传统体育项目进行分类时，一定要坚持实用性与科学性相结合的原则，二者缺一不可。

（三）主次分明，运用发展眼光

由于传统体育项目是多元的、错综复杂的，按一个分类标准进行分类解决不了多元的任务。所以，实践中应注意主次分明，既要按照主要的分类标准，又要注意运用多元分类方法。另外，传统体育项目中既有一个民族独有的传统体育项目，也存在多个民族共有一个项目的现象，还有由于传统体育项目不断地融合其他各民族的文化因素，逐步演化为不同运动形式的体育项目，不同民族的规则和方法有所不同。现有的任何一种分类标准都不能涵盖全部的传统体育项目。在对传统体育项目进行分类时，要以发展的眼光研究新的传统体育的分类体系。

三、传统体育项目的不同分类

国家体委组织各省、自治区、直辖市在全国范围内挖掘整理传统体育，出版了《中华民族传统体育志》，收集到55个少数民族的676项传统项目和301项汉族的民间体育项目。学者们从不同的角度对传统体育项目进行了分类，可总结为以下几种：

第一种，按照人类学的观点，内容可将其分为五大类：与民族起源有关的活动、与种族繁衍有关的活动、与生产活动有关的活动、反映种族再生或复兴的活动以及带有军事性质的身体活动。但是这种分类存在着不足，随着社会文明的发展，某些传统体育的本源已经发生了较大的改变，对于一个不了解体育史的人，这仍然是个未知的领域。

第二种，根据传统体育的性质来划分，中国传统体育可以分为八大类：竞技类、球类、射击类、技击类（含摔跤）、游戏类（活动性游戏）、养生类（各类保健活动）、游乐类、表演类（百戏、武术表演）。这种分法的优点在于突出了中国传统体育的游乐性、表演性和保健特色，具有宏观认识的意义。其缺点在于从术语上混淆了“游戏”和“游乐”，存在着一定的争议。

第三种，根据内容和形式来划分，传统体育可分为竞技类（武术、龙舟、射击、球类、棋类），表演类（舞狮或龙、百戏与杂技及其他）和游乐类（节令类、歌舞类、游戏类）。相比于第二种分类，这一分类较为简单，但其缺点在归类上存在着争议。

第四种，按照传统体育在现代社会中发展、成熟的过程来划分，传统体育可分为武术、民间传统体育游戏和少数民族体育几大类。这种分类方法的缺点主要表现为以下三点：第一，虽然将少数民族体育单独分出来了，但缺乏对汉传统体育进行表述；第二，武术与民间传统体育游戏、少数民族体育是不能相提并论的；第三，民间传统体育游戏也应包括少数民族体育中的一部分内容，分类不清楚，内容有重复部分。

当然，关于传统体育项目的分类，还有其他多种不同的方法，这里就不一一赘述了。

下面根据各个项目的基本性质和运动特点，将传统体育项目分为武术类、棋类、球类、骑射类、水上运动类、空中运动类、表演类以及摔跤举重、跳跃投掷和其他运动。

（一）武术类

喻家六合拳，峨眉坤门拳，意拳，清拳，导引与气功，马王堆气功，南拳，船拳，彭祖气功，青龙动气功，武当气功，天河寺硬气功，陈式太极拳，八卦掌，通背掌，孙式太极拳，吴式太极拳，杨式太极拳，螳螂拳，秘踪拳，拦手，地趟拳，五龙通花枪，华拳，孙膑拳，文圣拳，大鸿拳，劈挂拳，梅花桩，邹家拳，硬门拳，翻子拳，绵掌，形意拳，车氏形意拳，傅拳，弓力拳，五法八象，少林拳，石头拳，残家拳，八极拳，分手拳，戳脚，内八卦，顺手拳，三皇炮捶，东乡拳，俄拳，九华山拳，五童气功拳，温州南拳，少林五祖拳，鹤拳，连城拳，地术犬法，龙尊，虎尊（又称“永福虎尊”），儒法，字门拳，内家拳，花拳，浦东拳，六合拳，岳氏连拳（又称“八翻手”“子母拳”），唐拳（又称

“八卦唐拳”），武当拳，岳家拳，南京戴家功，常州气功，三线放松功龟牛拳，龙虎争巢拳，巫家拳，太乙游龙拳，梅山拳，盛氏武功，三十六闭手（又称“天罡三十六”），七步云脚拳，西凉掌（又称“阴阳掌”），高家拳，八宝拳，洪拳，刘家拳等。

（二）棋类

弹棋，六棋，插方，六博，六周，老虎吃绵羊（又称“西瓜棋”“狼吃娃”）、摆龙镇（又称“摆龙”“清趟”），打虎棋，兽棋，对角棋，赶牛角，下褚槌，走和尚，围和尚，“华容道”，智力棋，网棋，下方，掐方，成方，三棋，三三棋（又叫“打三棋”“对三棋”），灌三壶（又称“赶牛胆”“双并棋”），三六九，四棋，五棋（又称“五夫”），加五马，五子担担（又名“五马担担”），夹挑棋，赶五湖，九子棋，三子棋，猪拇棋，斜方棋子，十字棋，四子棋，旋转棋，双转棋，“老虎吃蚂蚁”，栽秧棋，到家棋，老虎棋，打虎棋，三虎棋，四光顶，擒敌棋，翻转棋，梅花棋子，天下太平（又叫“鸡毛蒜皮”）等。

（三）球类

木球，蹴鞠，蹴球，打瓦，步打球，踢石球，棍打球，打毛蛋，击壤，木射，牧球，马棒球，珍珠球，抢花炮，打贝阔，保定铁球，捶丸马球，松江叶榭竹编球等。

（四）骑射类

射箭，骑射（又称“射潮”）等。

（五）水上运动类

水嬉，要水，弄水，龙舟竞渡，跳水寻物，弄潮枪，荷花船赛，摇快船，踏白船，水上秋千，放皮筏，跳水，垂钓，挠彩舟（又称“摇梢船”），水球（也称“水傀儡”）等。

（六）空中运动类

风筝，调吊，皮条，杠子等。

（七）表演类

舞狮、腰鼓、花钹、跳幡、扶卢（寻撞）、秧歌、高跷、旋鼓、踢鼓拉花、杠金冈叭校花棒、凤阳花鼓、民间战鼓会。

民间游戏：斗鸡、弹球、拾魁、挤暖暖、玩旱船、捉骨牌、砍子、抓（石）子、枪卵子、卷席筒、推风车、打宝塔、抖空竹、跳绳、跳皮筋、跳房子、踢甚子、鸡孵蛋、走羊窝、五虎杆箱、跳抬判、骑马战、立马桩、叠罗汉、打髀殖、撞个与弹骨、老鹰抓小鸡、踢鼓子。

未知：挑兵、油渣、散里丢丢、望月亮。

（八）摔跤举重

相扑，搏克，负重，举鼎，千斤坠，中国式摔跤，角力（亦称“较力”），五兵角抵，石担石锁抓石，千把转等。

（九）跳跃投掷

扔包，投石，拔距，掷行头等。

（十）其他运动

疾驰，拔河，信鸽，登高，爬杆，游百病，背冰亮膘，拉地棍打稍，打炮儿，扳羊头，背碌，翻石滚，走浪桥，雁荡飞渡，踩泥马，发界鸡，风帆车，滑冰车，闯马城，骑马打仗，九连环，曳石（也叫“太平石”）等。

第三节　传统体育主要项目介绍

一、武术

武术又称“国术”“武艺”，是中华民族在长期的生活和生产实践中创造、积累和逐步完善的一项传统体育项目。它内容丰富，运动形式多样，风格独特，具有强身健体、防卫抗暴、陶冶情操、娱乐审美、锻炼意志等特殊功能，深受广大人民群众的喜爱。

我国武术起源于我们祖先的生产劳动，萌芽于弓箭狩猎的不断发展，发展于军事战争。封建社会，武术随着人类文明的进程，从内容到形式不断得到丰富和发展，逐渐由单纯的军事技能演变为集健身、防卫、娱乐、表演、教育、文化交流等多种功能价值为一体的体育项目，成为中国体育的有机组成部分。武术门派林立，相关论著不断增多，民间的武术社团和组织蓬勃发展起来，到近代更是进入了学校教育的范畴。中华人民共和国成立后，武术教育成为学校体育教育不可或缺的一部分，武术的竞赛规则得到完善和统一，相关研究相继开展，国际化的交流活动也日益频繁。

我国武术内容丰富、形式多样、风格独特。以技击为主要内容，以套路和散打为运动形式，注重内外兼修。按其内容以及运动形式可分为“功法”“套路”和“攻防搏斗”三大类。其中功法类分为柔功、内功、外功、硬功和轻功；套路类又可分为拳术、器械、对练和集体演练。拳术包括长拳、太极拳、南拳、形意拳、八卦掌、通背拳、劈挂拳、翻子拳、查拳、花拳、少林拳以及象形拳等；器械又分为短器械、长器械和其他器械（单器械、双器械和软器械）；对练包括徒手的对练、器械对练、徒手与器械的对练；集体演练又分为徒手的拳术、器械或徒手与器械。攻防搏斗类主要有散手、推手和短兵等。

二、舞龙

舞龙也叫“耍龙灯”“龙灯舞”。从春节到元宵灯节，每逢佳节、盛会，人们在长街广场和街头、湾边舞起龙灯，以增添欢乐喜庆的气氛。古时候，在人们看来，龙是一种“能大能小，能升能隐，大则兴云吐雾，小则隐介藏形；升则飞腾于宇宙之间，隐则潜伏于波涛之内”的灵物。因而，民间多在喜庆节日舞龙，祈求神龙护佑。迎龙、舞龙，为的是取悦龙神，祈求风调雨顺、五谷丰登。

舞龙历史悠久，起源于汉代。各地流传着在吉庆节日舞龙欢庆的传统，有的从正月初一舞至十五日，有的从十一日舞到二十九夜。

各族人民的舞龙表演，种类繁多，各具特色。舞龙分为两种形式，一种是在龙体内置灯烛在夜间而舞者，称为“龙灯”；一种是龙体内不燃烛主要在白昼而舞者，称“布龙”。舞者手执龙体下的木杆，上下翻动，有序前进，犹如活龙奔腾飞跃，景象甚为壮观。

常见的舞龙有火龙、草龙、人龙、布龙、纸龙、花龙、筐龙、缎龙、烛龙、醉龙、竹叶龙、荷花龙、板凳龙、扁担龙、滚地龙、七巧龙、大头龙、夜光龙、焰火龙等近百种之多。龙灯的节数一般为 7 节、9 节和 13 节。舞龙过程中，龙的每一种造型都有其规定的套路。游龙戏水、蛟龙逐浪、龙戏尾、龙抬头、飞龙在天、跃龙门等为爱“龙”各族所熟知的套路，造型华美，气势磅礴，将龙文化的内涵一展无遗。舞龙由龙珠、龙头、龙身、龙尾 10 个人，借助龙珠和舞龙器材，在音乐的烘托下共同完成一个动作，它是集体性的项目，其中任何一个人出错误都将影响动作完成的质量。

三、舞狮

舞狮也叫“狮子舞”和“耍狮子”，是我国优秀的民间艺术，同时也是一种流行很广、具有独特民族风格和特色的传统体育活动。每逢春节和元宵节，都要表演精彩的舞狮，这种隆重的喜庆仪式，预示着国泰民安、吉祥如意。这一习俗起源于三国时期，南北朝时开始盛行。

我国民间舞狮主要集中在农历正月初一到十五，一般在元宵节达到高潮，舞狮表演已成为隆重的喜庆仪式。舞狮分为两种，一种是“红面狮”，一种是“青面狮”。红面狮多出现在春节、元宵节和中秋节等一些较大的传统节日中，以增添喜庆气氛。在人们的心目中，狮子能镇宅，所以当某些村庄不安宁时，多请青面狮去耍弄一番。舞狮表演要求舞狮者具有灵活的步法、矫健的身法和娴熟的技巧，手法、身法、步法要协调配合，才能完成跌扑、翻滚、跳跃、翻腾以及滚绣球、过跳板、上楼台、跳桌等各种难度动作。

由于各地的风俗习惯不同，我国民间流传的舞狮在表演形式和艺术造型上形成了各自的地方特色和独特的风格，按地域舞狮可分为南方舞狮和北方舞狮两种。最初北狮在长江以北较为流行，而南狮则是流行于华南、南洋及海外。近年亦有将二者融合的舞法，主要是用南狮的狮子，北狮的步法，称为“南狮北舞”。北方舞狮的特点是：外形逼真，与真狮相像，有雌雄之分，还有文狮、武狮、成狮、幼狮之分。文狮重于表演，通过搔痒、舔毛、打滚、抖毛等舞蹈动作，表现狮子凶猛、温驯、急怒、嬉戏等情感和性格。武狮重于技巧，主要有跳跃、跌扑、登高、腾转、踩球等舞蹈动作，令人称奇道绝。舞狮人将狮皮覆盖全身，只露双脚。北方舞狮一般是两个人合舞一只大狮子。南方舞狮特点是：造型不如北方逼真，但款式多，色彩丰富。舞狮者穿各种灯笼裤，上穿密纽扣的唐装灯笼袖衫或背心。舞狮要使出浑身解数，这种舞狮由一人舞狮头，一人舞狮尾。舞狮是在花球引导下，一人或多人身披缀以各色丝束而用布缝制成的狮皮，表演翻腾跳跃的各种动作，烘托出欢悦火热的节日气氛。

四、赛龙舟

龙舟是有龙饰的船。早在3000多年前就有了龙舟，但当时是供帝王游玩迎神赛会的。赛龙舟是端午节的主要习俗，在壮、苗、傣、白、布依、土家等诸多南方少数民族的民俗节日期间甚为流行。据史书记载，赛龙舟是为了纪念爱国诗人屈原而兴起的。

赛龙舟作为我国民间传统水上体育娱乐项目，已流传2000多年，多是在喜庆节日举行。赛龙舟竞赛机制为多人集体划桨竞赛。竞赛规则是在相同的距离内，同时起航，以到达终点的先后决定名次。赛龙舟多在每年“端午节”举行，船长一般为20～30米，每艘船上约30名水手。

赛龙舟虽然有很多地方不同，但有一点是相同的，那就是赛龙舟时的舟都被装扮成龙的模样，并以锣鼓助阵。龙舟船的大小因地而异，比赛时群舟竞发，锣鼓喧天，百桨击水，舟行如飞。两岸观众欢歌笑语，加油助威，充满欢乐祥和的节日气氛。在我国南方，龙舟已经成为各地区重大节日中必不可少的庆典内容之一。

五、摔跤

摔跤是两人徒手较量，以摔倒对方为胜的竞技运动，是中国最古老的体育项目之一。由于我国历史悠久，地域广阔，民族众多，摔跤的名称繁多。古代称摔跤为“角抵”“角力”“相扑”“争跤”“摸跤”“摔角”，到了近代才叫作摔跤。摔跤运动的产生与古代人生产、生活的需要有着密切关系。古代猎人不管是与凶猛动物搏斗还是参与部落战争，没有强健的体魄和计谋是万万不行的。所以，古代人在丰收、打胜仗或举行祭祀时摔跤比武，并以此自娱自乐、练习本领和教育后代。随着时间的推移，这种游戏逐渐脱离生产而成为一种群众性的体育娱乐活动。

汉族的摔跤运动员按体重分为10个级别，每场比赛分3局，每局净摔3分钟，两局之间休息1分钟，比赛在平坦柔软的8×8米的垫子上进行。运动员身穿柔软结实的短上衣，系腰带，穿长裤，全身可以握抱，可以抓摔跤衣和腰带，但不许抓裤子。按照把对方摔倒的不同程度，分别判得3分、2分、1分。每场比赛得分总计多者为胜。

第三章 中国古代体育文化

第一节 中国古代体育起源及发展历程

中华民族发源于黄河流域，所处地理环境相对封闭，属大陆性气候。形成了以农耕经济和农牧渔业为主的经济格局。虽然说“体育”这个词是人类社会进入近代以后才出现的，不过体育现象却可以说是伴随着人类社会的诞生而出现的。大部分学者认为体育起源于生产劳动、部落战争和满足文体娱乐的需要，也有学者认为体育起源于祭祀等。但无论体育起源于何时、何地都充分地说明了中国古代体育源远流长，它不仅是中国古代文明的重要组成部分，也是中国古代人民劳动与智慧的结晶，有人类研究活化石之称。

一、原始体育

（一）原始体育的起源

由于劳动创造了人本身，因而从体育起源的最初途径和主要源头来看，体育自然应该是起源于生产劳动。但体育的形成与发展必然有一个比较漫长的历史周期，在这个过程中，人的生理和心理需要和战争都成为促使体育最终形成的重要因素和动力。劳动使人类与动物分开，人类为了生存、求食和自卫的需要，必须通过快速奔跑、翻越障碍物、投掷利器、攀爬等各种身体活动以猎取野兽和逃避其他物种的侵袭，在这个过程中，一些最原始的身体活动技能形成了雏形。与此同时，由于原始人萌发了一种“嬉戏取乐”的心情，在猎到一头野兽，大家饱餐一顿之后，就会通过手舞足蹈等身体活动的方式进行庆祝。这样，体育就在原始社会之前的氏族公社阶段中形成了它的原始状态，以这种由身心引发身体活动的阶段，有学者把它叫作体育的“萌芽期的娱乐活动”或“萌芽期的体育”。

在距今几千万年前，人类终于进化为“晚期智人”，人类在思维、语言和其他主要的身体特征上开始逐渐达到人类学上称为“现代人”的水平，人们开始认识到必须要有更好的身体素质，才能猎取到更多的野兽，因而原始人开始把劳动教育与身体素质的锻炼分开。考古学者的研究表明，此阶段原始人开始进行长距离奔跑、跳远、力量性投掷、翻越障碍、泅水和综合性舞蹈等训练活动，而且还制作了一些原始的练习器材，如嬉戏用的球、球杖、木棒等，狩猎用的飞石锁、石球和弓箭等。不久，身体练习被作为一种参加劳动和生活活动的预备性训练手段使用，此时与初步形成的娱乐活动结合在一起，构成了这一时期原始体育活动的内容。

（二）原始体育与劳动

漫长而久远的原始社会，先民们用自己的智慧与大自然搏斗来谋取食物，在此生产劳动中，创造与发展了生产力，如陶器的制作与细石器的制作等。先民们生活水平的提高、思维的发展、原始体育内容的丰富，都依托于生产力的发展和社会的不断进步。

随着新石器时代的到来和生产力水平的提高，大约距今一万年前，原始畜牧业和农业先后出现，极大地丰富了人们的生活内容，人类使用的工具种类开始多样化。“体育”性质的娱乐游戏也随之出现。“帝尧之世，天下太和，百姓无事，父年八十余而击壤于道中。”“壤”是用木块做成，前宽后窄，形状像一只鞋，长约一尺四寸，宽约三寸。做游戏时，先把一块“壤”放在地上，人站在距“壤”三四十步远的地方，用手里拿着的一块“壤”投掷过去，以击中为胜。后世宋代的“抛堵”、明代的“打瓦”等游戏，可能就源于此。这虽是传说，但也反映出原始社会末期，随着物质生活的丰富，“原始体育”已寓于游戏之中。随着工具种类的多样化和技术的不断改进，石器开始有了石斧、石刀、石矛、石铲、骨镰、镞角和石凿等，在这一时期木弩和弹弓也出现了，据《石史考》记载是黄帝发明了弩。在西安半坡遗址中，曾发现了不少磨制精细的石球。石球在弓箭发明之前是人们的重要武器，而在弓箭发明以后的半坡时代仍存在大量石球，不能不说与游戏或练习投掷有很大关系。在生产力水平提高以后，落后的生产工具转变为游戏用具或体育用品，不是没有可能，正如弓箭、刀枪、武术等古代战争的重要武器或手段在现代社会主要用于强身健体一样，石球等也是先民们怀旧、娱乐的工具。生产力是社会发展的基础，从某种意义上讲，原始体育与生产力的发展是同步进行的。

（三）原始体育与战争

随着氏族和部落战争的出现，作为生产生活手段的原始体育发生了重大变化，原始社会末期，人们常以围猎的方式或操练的形式进行军事训练，以提高作战能力，这就是军事体育的雏形：如部落战争中训练士兵用的“武舞”就是典型的训练活动。

据说，现在已经走向世界的围棋，也是那时产生的。“（丹朱）傲狠娼克，兄弟为阋。帝（尧）悲之，为制弈棋以闲其情。”这就是尧造围棋教育他的儿子丹朱的传说。尧的儿子丹朱，品德不好，为人高傲，而且凶狠残酷，兄弟之间互相争吵，纷争不休。尧为之而感到痛心，就制作了围棋，以期用“棋道”来转变他的品行。现在虽然还没有十分确切的证据说明尧时已产生了围棋，但至少说明那时已经有了比较简单的为战争服务的军事性游戏了。战争的出现，萌发了体育的多种形态，除前述的弓箭、戈矛、干戚之类兵器外，还有武舞、徒手搏斗、摔跤等内容，当然这并非现代意义上的体育。但在现代的某些民族之中，就有“当决定作战之后，战士们便涂擦身体，举行战舞……模仿作战状态”的习俗，而有的还规定“战士之妻在家中须日夜舞蹈”，认为这样可以增加其丈夫的力量。

随着历史的发展和时代的进步，社会也在不断地演进。随着原始社会解体和奴隶社会的出现，军事活动更加频繁，特别是生产力的进步（青铜器的出现）、物质生活和文化生活的逐渐提高，使原始体育逐渐蜕变形成了现代意义上的体育，但其仍是以军事体育为主、为军事战争服务的体育。其主要内容有射、御、角力、田猎、兵器操练等。为适应统治的需要，逐渐产生了为统治阶级培养人才的学校，其教育内容也可以寻到体育的踪迹，这才是现代意义上的体育的诞生。不过这已经发展到了商周时期，尤其到了西周时期，学校体育进入发展阶段。

二、先秦体育

先秦时期，体育呈现鲜明的时代色彩，洋溢着强烈的时代精神。当时在极低的生产力情况下，先民们只有靠团结的力量和个人自身强健的体魄，才能摆脱这种困境，只有这样才能有效地抵御野兽的袭击，并猎取到更多的食物，于是在生产实践中，人们不断提高奔跑、跳跃、攀登、投掷和游水的技能，这些技能随着社会的发展在不断变化的活动方式中得到丰富与完善，从而形成了印记鲜明的先秦时期的体育项目，沉淀出了先秦时期的传统体育文化。

（一）先秦体育的演变

中国奴隶制社会主要包括位于黄河中下游的夏、商、西周、春秋等几个朝代。奴隶主为了维护统治阶级秩序与利益，不但需要用武力镇压和残暴的刑罚去镇压反抗者和征服异族，而且还需要用一套礼仪制度来维护本阶级的等级秩序，所有这些在体育上都有所体现。

当进入阶级社会之后，人们为争夺领地、领袖权、猎物，开始了日益频繁的战争，其规模日益扩大，作战形式日益复杂，逐渐形成了加强训练的军队，而且还不断改进作战兵器，甚至形成了社会的尚武风气，出现了武人专政的现象。这一系列战争形势的演变，促进了兵器武艺的发展。

而当时的美学和文化学的观点对体育也有非常重要的影响。比如，青铜艺术造型、音乐、舞蹈等对一些体育项目的发展和规划都有非常深刻的影响，发展到了后期，官学系统建立完备后，学校教育日趋完善，在教育过程中产生了很多明显的体育元素。

（二）夏商周体育

随着“夏、商、周断代工程”研究成果的问世，为古代体育的早期起源提供了又一有力证据。夏商周时期的体育表现在诸多方面。在养生保健方面，如西周时期《周语·严逸》记载：“动莫若敬，居莫若俭”，这是通过动与静的方面来调理养生。军事战争方面，如《礼记·射礼》记载：“射者，男子之事也。”现代体育项目演变方面，如在《诗经》《尚书》中有“鞠”字的出现，《尚书》中记载“鞠人谋人之保居”、《诗经·小弁》记载“踧踧周道，鞠为茂草”等，这些充分说明现代足球可以追溯到古代商朝。还如《山海经·海外西经》记载“大东之野，夏后氏于此舞九伐”“九伐”指的是军队的技战术，也就是今天的武术。娱乐方面，史书《竹书纪年》记载“夏后开舞九招也”，这一系列的记载说明狩猎、射箭、舞蹈、足球、摔跤、武术、马车赛跑、角力、兵器操练等都可以追溯到夏商周时期，这一时期的体育为传统体育的传承与发展做出了巨大贡献。

(三) 春秋战国时期的体育

春秋战国之际，五霸七雄相继而起，千乘万骑往来于江阴之间，谋臣策士奔走于诸侯之间。春秋时期，奴隶制社会处在崩溃与灭亡的边缘，封建制在兴起，在兴起的经济基础上，反映出了创造性的学术思想。这个时期产生了许多思想家、政治家和军事家。在他们的思想和实践当中，有了很多关于体育方面的内容。他们对当时和后世的体育发展都产生了较大的影响。如春秋战国时期的重要典籍《周礼》，记载了天人合一思想的体育价值观，这一时期形成的传统体育项目主要是有地方特色的体育活动，如齐淮的神仙之术、中原的导引术、吴越的竞渡剑术和北方的骑射摔跤等，还有一些与祭祀相关的体育活动如洗浴、野游、弋射、登高和竞渡等。

在这个时期，孔子是很重要的思想家。虽然孔子的思想代表了没落的奴隶主贵族利益，但是，他在整理古代典籍，保存文化和教育学生方面是卓有成效的。比如，孔子的教育中有体育因素。他首创私人讲学，广泛招收学生，施行礼、乐、射、御、书、数六艺教育（也有人说孔子的六艺教育含义是诗、书、礼、乐、易、春秋）。此外，孔子爱好体育活动，身体康健，他的力量很大，跑的速度也很快；还赞助学生郊游和游泳等。据《吕氏春秋》记载：“孔子之劲，举（举起）国门之关（门杠）。”还说他“足蹑郊菟、力招城关”。但是，“不肯以力闻”。《论语・述而》中也有记载：“子钓而不纲，弋不射宿。”由此我们可以从中看出，孔子平日里有钓鱼、打猎等体育活动。《孟子》中也记载孔子还曾从事过登山的活动：“孔子登东山而小鲁，登泰山而小天下。”

华夏文明的保护者管仲在政治改革中，也有不少措施与体育息息相关，促进了体育的不断发展，管仲改革了兵制，重视练兵。优待工商，不服兵役，使成专业。农夫平时耕田、战时当兵。优待甲士，有田不自耕，专练武艺。那时，定期举行田猎，借以练兵：“春于田，曰蒐，振旅；秋以田，曰獮，治兵。”（《管子・小匡》）；定法制，选练武勇人才。齐桓公在管子辅佐下，治军重武，把选拔武人专门定制成法律。当时，“春秋角试……收天下之豪杰，有天下之骏雄”。这些人武艺精湛，练得“举之如飞鸟，动之如雷电，发之如风雨，莫当其前，莫害其后，独出独入，莫敢禁圉”。（《管子・七法》）

管子是法家的先驱，他的政治主张，突破了西周奴隶制“礼”的规范与约束，因此，与其政治主张相联系的有关体育活动，也不是为周天子的“礼制”服务，而是为诸侯国的“耕战”服务。管子的这些主张，对法家的体育思想有很大的影响。管子本人也有较高的武艺，善射；他未辅佐齐桓公之前，在一次战斗中，曾射中小白（齐桓公）的带钩，后被小白重用为齐国之相。

战国时期，随着战争的规模日益扩大和战略战术的不断变化，出现了很多兵家并著有兵书如《六韬》。这部兵书主张选拔、组织和训练士兵时都要根据身体条件和军事技能进行。这对当时军事体育的发展起到了一定的促进作用。

《六韬》说："选车士之法，取年四十以下，长七尺五寸己上，定能逐奔马，及驰而乘之，前后、左右、上下周旋，能束缚旌旗，力能彀八石弩，射前后左右，皆便习者，名曰武车之士，不可不厚也。"这是主张依身体条件和多方面的技能选拔车兵，也具体提出了选拔骑兵的身体、骑射和骑术的条件，反映了当时战术战略的不断变化，更适应了战争的需要。它为练兵习武指出了专门化和标准化的发展方向。

秦国丞相吕不韦在始皇八年辑成《吕氏春秋》一书，这本书不仅含有很大政治上的意义，而且有一定的体育史价值。比如，《尽数》篇说："流水不腐，户枢不蠹，动也。形气亦然。形不动则精不流，精不流则气郁。郁处头则为肿、为风……处足则为痿、为蹶。"这是在养生方法上，从积极方面主张运动。

三、秦汉及魏晋南北朝时期体育

秦始皇平一宇内，华夏从此成为中央集权的统一大国，汉承秦制，自此华夏民族有了汉族的名称。而魏晋南北朝是中国历史上政权更迭最为频繁的时期。从秦汉时期到魏晋南北朝，这一时期的体育活动主要有导引、气功、射术、剑术、拔河、蹴鞠、斗鸡、走马、竞渡、赛狗等。黄老学说、董仲舒思想、玄学思想和道家思想等对这一时期体育的形成与发展起到了积极的推动作用。

四、隋唐体育

公元581年，杨坚篡夺北周政权。589年灭陈，中国重归统一。隋朝初期，实行均田制，农业得到快速发展，人口增加，经济得到了快速的繁荣与发展。唐朝建立后，政治、法律、军事、科举等继承隋制，并更加完备。在经济繁荣、国家安定的发展背景下，隋唐的娱乐性体育也得到了很大的发展。比如当时盛行的各种棋类、狩猎、射箭、球类、歌舞、蹴鞠、剑术活动等。

隋唐实行府兵制、武举制，加上与突厥、吐谷浑作战并取得胜利，重新打开了与西域的联系，发展了军事武艺。唐文成公主到吐蕃（西藏）后，加强了汉藏经济、文化与体育的联系。所有这些都不能不对体育发展产生影响。

隋唐时期，中国文明远播海外，对周边国家和世界有重大影响，由于交通发达，中外交往频繁，长安成了国际贸易和文化交流中心。朝鲜、日本、印度等国与中国都有密切联系与往来，在一定程度上促进了体育的中外交流，推动了体育的发展。

第二节　中国古代体育的种类及主要特点

一、中国古代体育的种类

通过研读文献与史料，发现中国古代体育主要包括球类、田径、游泳、滑冰、摔跤、举重、养生体育以及季节性的民俗体育等类型。

（一）球类与田径运动

球是中国古代体育活动中一个重要的工具。大点的球可以踢，小点的球可以抛掷，再小点可以弹，圆球的躯体可以旋转、滚动。球在古代已经成了一种适合所有人玩的玩具，有着各种各样的玩法。球类在古代不仅出现得早，而且种类非常齐全，主要包括蹴鞠（足球）、击鞠（马球）、捶丸（高尔夫球）、木射、掌旋等种类。

田径是由跑、跳、投掷这三种人类最基本的身体活动方式组成的。人们经常说田径是体育活动的基础，其实这些最基本的活动能力也是与人的日常生活密切相关的。虽然在中国的古文字里没有“跑”和“跳”两个字，但是与跑同义的词像“奔”“趋”“走”，和与跳同义的词像“跃”“超距”“逾高”“踊”等在史籍中早有记载。中国古代的田径运动往往与军事训练密切地联系在一起，是军营生活的重要内容，而且能跑善跳的将士在战斗中经常被挑选出来执行特殊的军事任务。

（二）古代游泳与滑冰

游泳在古代又称泅水，是一种非常普及的体育娱乐活动。中国最早的一部诗歌集《诗经》中提到“游泳”一词“就其深矣，方之舟之。就其浅矣，泳之游之”，意思就是说，遇到水深的地方就乘木筏，或者乘船摆渡，在水浅的地方就潜水或者浮水渡过去。那时的人们虽然游泳技术不高明，但是随着时间的推移，人们在水中活动的本领越来越强，并且在战争、生产和娱乐中开始发挥重要的作用。反过来，战争和生产的需要也有力地促进了游泳技术的发展，人们凭借自己高超的水中技术，在水中得到充分的自由，水也成了人类的朋友，江河湖海成了大自然赠给人类的天然游乐场，水上运动成了一种趣味无穷的娱乐活动。

由于气候的原因，北方冬天多雪，天然的气候条件为当地的冰雪运动创造了良好的舞台。在我国北方人们很早就掌握了滑冰滑雪的技能，黑龙江两岸和嫩江流域在隋唐时期就有在雪地里“骑木而行”的记载。但是，一直到清朝以前，除了一些北方少数民族地区以外，其他的冰雪运动并不普及，方式也很简单。清朝以后，滑冰的军事作用逐渐变小，朝娱乐化的方向迅速发展。比如冰上杂技，像盘杠、冰上爬竿、飞叉等；还有一些民间的节日庆祝活动，像舞狮、舞龙等体育活动也都逐渐移到了冰上，并在冰山滑行中舞动龙狮，甚是有趣。

（三）古代摔跤与举重

摔跤是非常古老的一项体育运动项目，在中国有着数千年的历史。中国古代是没有“摔跤”一词的，最早是用“角抵”“角力”，以后又有“手搏”“捽胡”“相扑”“拍张”等。它的起源可以追溯到没有文字记载的远古时代。摔跤是一种格斗技术，它需要各种类型摔跤好手之间的切磋与较量，以便从不同流派、不同风格的摔拿、搏击方式中吸取经验，并不断融合与发展。中国古代摔跤选手有很多比赛交流的机会，与摔跤技艺十分精湛的西域的交流在史书上有很多的记载。摔跤不仅在军队中受到了广泛欢迎，在普通百姓中也有广泛流传，更是有人因为徒手格斗技术的高超而走上了仕途，且官运亨通。摔跤经过了几千年无数次的演变，终于从最初那种内容非常简单的角抵、角力发展到了清代布库和厄鲁特，跟现代的摔跤方式越来越接近。

在古代的生产劳动活动中，力量的大小起着很重要的作用，而在冷兵器时代的战争中，力量更起着决定性的作用，各种武器，都需要有力量支撑，所以，古代军事家吴起把能举起沉重的铜鼎作为选拔虎贲之士的一个必要条件。古代最初是没有专门的练习举重的器械的，举的是日常生活中常见的器物。史籍中记载的有两种，一种是大鼎，另一种是城门门闩，这种举重活动称为“翘关”，后来由于石制举重器具在社会上的普及，在明、清两代用掇石替换了唐代的翘关，用舞刀、掇石等来测验力量。

（四）古代体育与季节性的传统体育

在中国古代有的通过一定呼吸吐纳方式的行气和肢体的动作治疗疾病，这种治疗方法在过去的几千年中为人们的健康做出了重要的贡献。最初由舞蹈发展而来，舞蹈对体育医疗有着十分重要的作用。由于古代中部地区自然环境对人们身体的影响，其他方式的治疗效果不甚理想，但适合应用呼吸吐纳和肢体动作的方式对身体进行治疗，因此这种体育运动治疗疾病的方法在一定程度上得到了快速的发展。

中国古代是一个农业社会，其农业生产最显著的特征是，随着自然界的季节变化而改变生活的节奏，包括人们的体育活动。在数千年的农业社会生活方式的影响下，一些独特的季节性的民俗体育活动，比如龙舟比赛、竹马、秧歌、舞龙、舞狮、春游、登高、放风筝、踢毽子、高跷、旱船、云车、跑驴、踏青、霸王鞭、太平鼓、荡秋千等，在中国古代开始生根发芽。这些活动往往会与每年中的那些季节性的节日联系在一起，如清明节的秋千、寒食节的蹴鞠、端午节的竞渡、重九的登高等，这些都成为季节性节日庆祝活动的重要组成部分。

二、中国古代体育的主要特征

中国古代体育在长达两千多年的封建社会中不断发展起来，由于中国封建社会的时间很长，与这种社会形态相适应的体育也得到了足够的发展时间。如果说古希腊和古罗马为人类社会提供了比较典型的奴隶社会的体育，我们可以说古代中国向世人展示了一幅典型的绚丽多姿的封建社会的体育图画。通过研读资料探究到中国古代体育主要有以下几个主要特征：

（一）季节性

古代中国是一个农业国家，由于农业的生产有严格的季节性，古代的中国体育也表现出比较鲜明的季节性特征。人们往往按照一定的时间周期进行各种体育活动，如春季的登山和蹴鞠等，夏季的泅水和斗羊等，秋季的骑马拔河、狩猎等，冬季的打冰嘎和滑冰等。或是按照一定的节日习俗进行各种传统的体育活动，如端阳节的龙舟竞渡，重阳节的爬山登高，清明前后的打秋千、郊游、蹴鞠、放风筝等。

（二）地域性

虽然古代中国是一个政治上高度集权的国家，但是在经济上却是高度分散的，自给自足的小农经济把人们的活动范围限制在不同的地域。我国气候的不同、地理的差异以及文化背景的不同，使各样的体育形式在中国的土地上都找到了适宜自己生存发展的地方。因此，很强的地域性特点显现出来，比如，水网纵横的南方，最适合水上运动，如赤水河流域的独竹漂和龙舟等；冬季寒冷的北方，适合开展各种冰雪活动，如滑雪和冰陀螺等；山区宜登高望远，如登高和狩猎等；平原宜走马观花，如骑马射箭等；自古有“十里不同风、百里不同俗”“南人善舟，北人善马”之说，这都是地域差异造成民俗习惯和体育活动差异的集中体现。中华民族多样化的体育状况分布，如百花园中万紫千红的奇葩异卉，争奇斗艳。

（三）娱乐性

总的来说，中国古代体育有很强的娱乐性，而竞争性较弱，由于中国封建社会有一个等级十分森严的社会结构，一般来说，缺乏一个公平竞争的社会环境，因此不利于竞技性体育活动的发展。中国古代体育的发展过程也是一个体育的竞争性逐渐减弱、娱乐性逐渐增强的过程：不同的体育活动均与喜庆丰收、礼仪和欢度佳节有关，古代足球的演变过程就是一个典型的例子。这一特点虽然使古代中国难以出现类似古希腊奥林匹克运动会那样大规模的竞技体育现象，但是促进了体育的多样化，产生了千姿百态的体育形式。

（四）哲理性

中国古代体育大量地引入一些传统的哲学概念，形成了中国独特的古代体育理论，用来解释、指导体育实践，这种状况在武术中表现得最为充分。在这种体育理论的指导下，中国古代体育出现了内外合一、形神兼备、天人合一等特点，就是不仅注意到人体外部的肢体活动，更注意到身体内部机能的锻炼，把人看作自然界的一个组成部分，按照自然界的变化去调整人体内外环境的平衡。这种整体锻炼的方法，也是中国古代体育的一个突出优点和整体价值的体现。

（五）道德性

体育不仅是一种生命活动，也是一种社会活动。中国古代体育非常强调体育活动中的道德品质的培养，几乎在所有的体育活动中都提出了道德方面的要求，如在《左传》中注重记载的是描写士兵的士气和精神力量。当然，其中有许多是今天应当批判的封建道德，也有不少是今天仍然应当继承和弘扬的，如胜不骄，败不馁；尊重对手；光明正大、严于律己，等等，这些都为现代体育的发展提供了一定的参考价值。

（六）融合性

灿烂的体育出现在中国古代，是中华文化交融的结果。中国的历史形成也来源于我国传统文化的不断汇集与融合，如汉武帝设河西四郡、唐太宗打败东突厥使西域文化和中原文化不断融合，同时随着人类文明的发展，传统体育文化又逐渐开始与文学、舞蹈艺术和绘画艺术等文学艺术相融合，中国古代体育项目都是我国劳动人民共同创造的结果，也充分体现着人民的智慧。

（七）阶级性

古人认为，整个自然界以及人类社会都是遵循一种自然演进的规律而产生的，只有整个社会严格遵循特定的等级制度才能够达到天下的稳定与平衡。

在我国传统体育文化中，礼仪是用来区别与规范上下、长幼的一种重要方式，如西周的射礼分为大射、宾射、燕射、乡射等，同时配有弓箭、箭靶、伴奏乐曲、司职人员的等级区别。在《宋史·礼志》中规定了打马球的各种仪式，如果皇帝参加比赛，则首球必须要让皇帝打进；中国古代的武术高手在交手过招时，也要点到为止，不战而胜，坚持礼让在先。另外，由于女子在封建社会的地位极为低下，因此其参加体育活动的权力和条件受到多方限制，这些都表明我国传统体育文化中充满浓厚的封建等级观念。

第三节　中国古代体育的组织形式与管理

一、古代体育的组织形式

中国古代体育活动，在其初期是作为人类的一种自发的活动形式出现的。商周时期，即出现了有规模、有一定程序的“射礼”，这样的正式射箭比赛活动，也是人们在礼仪的规范下所进行的一种自发的活动形式。中国古代体育活动团体组织的正式出现，可以追溯到隋唐时期，最初先是以官府主办并进行统一管理。史料记载，唐武德年间，在月登阁村建了一座大型阁楼（今陕西西安大雁塔以东的月登阁村），称之为月灯阁。唐代的“月灯阁球会”就是在这里举行，它是主考部门为了新上榜的进士举行的庆祝活动仪式。一般于放榜之后的两三日，在月灯阁举办马球赛会。用球赛方式庆祝进士及第。这种活动每年按例举行，可以说是官府组织的体育团体的最初形式。另外，每年寒食节，少府监的中尚署还会例行组织“献球”活动，其内容包括有组织地表演步打球、击鞠、蹴鞠等，这也是当时官办团体组织的一种。

据《隋书·礼仪志七》的记载，东魏北齐时，皇宫中就有“角抵队”的建制，但不固定。到了唐代，出现了专供表演的“相扑朋”组织。晚唐的角抵高手蒙万赢就是在唐懿宗咸通年间选入相扑朋的，从此便取得了辉煌的战果。凡是进入相扑朋的，均是从事角抵的专业人员，说明唐代已有了专门管辖“相扑人”的组织机构。

宋代官办的体育组织有着更大的规模，其中相扑的“内等子”是御前忠佐军头引见司管辖的官方专业相扑手；而教坊司管辖的“筑球军”，则是官方的职业足球组织。基本上每项活动形式都有一定的组织团体，这也是统治者从其本身享乐的需要出发而组织的，或是为了维护统治阶级的统治地位。两宋时期，特别是南宋时期，一度出现了较长时期的偏安局面，城镇手工业和商业的发展促进了都城临安的繁荣，相关的武艺和游戏等体育团体也在民间应运而生。而这种组织同时对宋代足球技术的发展和足球资料的传播，起到了一定的推动作用。

二、古代体育的管理

中国古代体育活动源远流长，而且内容、形式丰富多样。它作为一种传统的文化现象，在社会的各个阶层及各民族中得到了迅速发展。伴随着这一文化形式的繁荣和演变，与此相应地出现了一系列组织形式和管理机构，并成为大众体育活动的主要内容。

最初的体育活动形式，是与人类的生产劳动紧密相连的，可以说是人们在劳动之后为满足身心需求的一种本能反应，进行体育活动所需用的器械也仅仅是简单的劳动工具。随着封建制度的形成和发展，奴隶制时代“为政尚武”的学校教育被独尊儒术的学校教育所取代，军事体育突破了统治阶层的垄断在农村得到推广。技击技术的飞快发展，对身体、心理训练都提出了新的要求。某些体育活动已初步自成体系，而且独具特色。同时也出现了很多专用于体育娱乐的场地设施，古代体育已开始走向体系化、正规化。

隋唐五代时期，体育活动更为多样化，大多数以前沿袭下来的体育运动都已初步定型，技术方法及理论的探讨，均有脉络可寻。体育活动的进一步普及和体育文化交流都达到了空前的发展阶段，促使统治者加强了对体育活动的组织、管理，使体育运动成了人们生活中不可缺少的一个组成部分。

从北宋时期到清末，是中国古代体育演进的重要历史阶段。随着封建经济的发展，人们需要的体育活动得到了快速发展，城市里也出现了专业化的体育团队，涌现出了一大批俱乐部式的体育组织。因印刷术的快速进步，有关体育的各种著作也大量涌现。相当一部分的休闲娱乐体育活动，朝着表演化、舞台化方向发展，被新兴的戏剧艺术所吸收。不少传统体育活动依附于民俗习惯得以沿袭。尤其是明清时期，由于市民体育的发展与兴盛，各类体育活动的技巧与技术在原有的基础上有了明显的提高，组织与管理以及方法规则也不断完善。可以说，这既是民间体育空前活跃的时期，又是古代体育大总结的时期。

第四章　学校体育文化概述

第一节　学校体育文化的发展

文化是指精神生产能力和精神产品，包括一切社会意识形式；自然科学、技术科学、社会意识形态，有时又专指教育、科学、文学、艺术、卫生、体育等方面的知识与设施。

体育文化是文化的从属概念，它综合了各种通过锻炼身体来提高人的生物学潜力的范畴、规律、制度和物质设施。校园体育文化是以学生为主体、以课外体育文化活动为主要内容、以校园为主要空间、以校园精神为特征的一种群体文化。校园体育文化作为一种社会文化，是在一定社会政治、经济、文化、教育、体育等条件下，由学校广大师生在实践过程中共同创造的体育物质财富和精神财富的总和。

一、学校体育文化的来源

学校是文化建设和推广的重要基地，也是现代文化的发源地，它不仅仅传承着传统文化的精髓，更是引领和创新现代文化的试验场。办好中国的世界一流大学，必须有中国特色。体育教育是学校素质教育的重点，也是最能直接表达学校文化的方式，还是创新、塑造和传承学校文化的有力载体。

（一）现代学校体育文化

20 世纪 20 年代后，新文化运动对学校体育的贡献在于剔除了兵操内容，将体操课改为体育课，并引进西方体育。这虽然是文化流动的结果，但也引起了传统体育文化的冲突。然而由于文化的融合性，这种冲突才逐渐缓和。尽管如此，学校体育还是在封建道德观的束缚下举步维艰。直到中华人民共和国成立后，学校体育才确立了增强体质的目标，并为自身的发展开辟了广阔的前景。

（二）当代学校体育文化

当代学校体育文化在坚持具有中国特色的社会主义体育教育方向的同时，既要发展我国传统的体育文化，又要引进国际先进的体育文化。为完成未来体育教育的使命，我国当代学校体育肩负着以下历史使命。一是树立“健康第一”的教育指导思想，提出在生理上、心理上和社会相适应的全面性健康要求，并明确要求加强学生的心理健康教育和社会责任感，培养学生坚韧不拔的意志和艰苦奋斗的精神。二是为推行素质教育服务。体育教学中推行素质教育要更多地关注学生的个性发展，提高人文体育的素养，培养健康人格，增强健身意识和品德修养，协调人际关系和合作精神。三是培养终身体育教育观念。终身教育是法国的保罗·朗格朗于 1965 年任联合国教科文组织成人教育局局长时提出来的。他认为，接受教育应当是每一个人从生到死永不休止的事情，终身体育是终身教育的一个组成部分。校园体育文化的宗旨主要是培养学生的体育精神、体育意识和体育技能，提高学生的体育文化素养，增进学生身心健康，并在此宗旨指导下开展多种多样的校园体育文化活动。

二、学校体育文化的内涵及组成要素

（一）学校体育文化的内涵

由于社会制度、国家性质和教育目标的不同，各国的学校体育文化也不尽相同。我国学校体育文化是通过增强学生的体质、促进其身心健康发展，为提高中华民族的身体素质和为社会主义现代化建设培养德、智、体全面发展的建设者和接班人服务。学校体育文化包括校内体育文化和校外体育文化两部分。

学校体育文化由体育物质文化、体育行为文化、体育制度文化和体育精神文化四种形态构成。这四种文化形态也决定了学校体育文化的内涵，第一，是以物质或物化的形态表现的内涵，它的特点是外显的，是看得见、摸得着的，是一目了然的体育物质形态，如体育建筑物等；第二，是以人的体育行为活动或体育行为方式表现的内涵，它是学校体育锻炼的形式，是学校体育文化开展的直接表达方式，如体育技术；第三，是以体育制度和体育精神支柱表现的内涵，规范的体育制度是学校体育文化建设的保障，而体育精神则引导学生的体育观念及信仰，是学校体育文化建设的核心，如奥林匹克精神、传统体育文化等。

（二）学校体育文化的组成要素

学校体育属于教育范畴，受社会的政治、经济、文化教育的影响和制约，并通过培养人才为之服务。学校体育与学校德育、智育共同组成完整的学校教育体系，是培养符合社会需要的合格人才的一项基本内容和基本途径。

学校体育文化的组成要素有体育教学（以体育课为主要形式）；课外体育活动（由学校或学生自行组织，以学生体育锻炼为主要内容）；运动代表队训练和各种形式的体育比赛（如班级赛、校际赛、各类选拔赛，以及参加地区和全国性比赛等）；早操和课间操（前者多由学生个人自由锻炼或学生自由组合锻炼，后者多为有组织的徒手体操活动）；科学的作息和保健措施（旨在保证学生足够的睡眠、休息和锻炼时间，同时要讲究卫生，注意营养，预防疾病发生等）。

学校体育文化建设以构建独特、生动、规范、积极、活跃的学校体育文化形式为目标，提高学生对学校的认同感和自豪感，推动学校体育的国际交流，成为学校体育文化建设的重要内容和推动力。总体来说，学校体育文化由以下三个要素组成。

1. 学校体育名牌资源

学校体育名牌资源包括现代化体育场馆、体育设备、场地器材、体育课、运动队、具有影响力的品牌体育竞赛项目、引导体育活动开展的体育专项协会等。

2. 规范科学的学校体育制度

规范科学的学校体育制度包括体育教学制度、群体竞赛制度、体育文化交流制度等。

3. 学校体育文化核心价值观

学校体育文化核心价值观包括特色学校体育文化节、特色学校体育文化展、特色学校体育文化生活方式和意识形态。

第二节 国内外学校体育文化建设

一、国内学校体育文化建设

国内对学校体育文化建设的研究，一般认为文化层次内涵决定了学校体育文化的内涵和形式。其内涵应划分为三个层面：第一层是学校体育意识文化，其中体育健康价值观是学校体育文化的本质与核心，它决定了学校体育文化的目标。第二层是学校体育行为文化，其既是学校体育的组织形式，又是学校体育意识的体现，它涵盖了体育教学、科研、课外体育活动、代表队管理、业余体育竞赛、体育协会、体育知识普及和体育交流等制度与方法的确立。第三层是学校体育物质文化，包括体育设施、器材、教材和师资队伍的建设等。

20 世纪 90 年代以来，《学校体育工作条例》《全民健身计划纲要》《关于开展全国亿万学生阳光体育运动的通知》等一系列文件的颁布和实施，使我国学校体育的教育目标，从以“强身”为目的的竞技体育教学，转向以“健身”为目的的阳光体育教学，学校体育的教学目标也要求注重学生的身体健康、心理健康、社会适应三个方面。学校体育进入了深化改革阶段，包括体育课内容的改革、体育课形式的改革、学校体育理念的改革、学校体育组织的改革、学校体育科研团队的建设。

（一）体育课内容的改革

基本摒弃了竞技意味浓厚且带有一定危险性的体育项目，如铅球、单双杠等体育科目。增加了趣味和传统的体育项目，如舞蹈、太极、网球、高尔夫、滑冰、游泳、极限越野等。

（二）体育课形式的改革

形成了普修课、选修课、选项课相结合的体育课形式。还有的学校形成了以体育俱乐部为主的体育教学模式。

（三）学校体育理念的改革

学校体育理念以学生的学习和锻炼为中心，树立了“健康第一”的思想，抛弃了竞技体育的教学观念，有助于学生培养终身体育意识，养成良好的锻炼身体的习惯，提高体育锻炼能力和体育组织能力。同时，学校体育理念更加注重体育文化、卫生保健知识的传播，以提高学生全面的体育文化修养。

（四）学校体育组织的改革

学校体育组织的改革主要体现在学校体育俱乐部、体育协会、体育社团等体育组织的出现。学校为这类体育组织提供场地、器材，学生按照体育部门的安排，自愿选择喜欢的俱乐部或协会参加活动，利用业余时间进行体育锻炼。还有的学生在教师的指导下进行训练，并参加体育比赛。

（五）学校体育科研团队的建设

学校体育改革要求学校体育管理部门，不仅要面对日常的体育课教学，还要组建学校体育科研团队，加速体育科研向纵深、横向两个方面发展，解决体育科学中的重大问题，建设特色的学校体育学科、培养出色的学科带头人。学校体育科研团队也是体育科研与社会实践相结合的桥梁。目前，我国大学体育科研团队的建设比较普遍，其中比较成功的有特色的大学体育科研团队有清华大学体育与健康科学研究中心、北京大学体育科学研究所、北京大学中国体育产业研究中心、华东理工大学体育经济理论研究所等。

近年来我国大学以“文化建校、文化立校”的观念，积极加强学校自身文化建设，寻找大学自身的文化定位，学校体育文化作为学校文化建设的重要部分，也在寻求能够代表学校自身特色的体育文化。我国学校体育文化建设可谓百花齐放，形式多样，比较有特色的如清华大学的体育代表人物雕塑、北京大学的“中国脊”体育馆、南京理工大学的舞龙表演团队、北京大学的山鹰社、清华大学和北京大学的龙舟队等。

二、国外学校体育文化建设

一些国家的大学大都重视功能齐全的体育场馆设施建设、高水平的特色运动建设、强大的媒体宣传体系建设、完善的体育俱乐部建设和选修课程体系建设等方面。下面以德国为例简单说明。

在德国，以斯图加特大学为例，其体育部门主要包括四个部分，一是教育、健康、体育发展、运动造型等学术部门；二是社会学、经济学、动力学、生物机械学、器械研发领域的科研部门；三是专项教学、理论与实践、科研、专项指导、学生咨询、人才培养的教学指导部门；四是体育理论与实践工作的运转、科研与实践、体育项目与理念发展、再教育、教育质量等保障部门。在学校体育训练方面，斯图加特大学制订了每学期的学校体育计划，如冬季学期体育计划、夏季学期体育计划、假期体育计划。计划中详细地介绍了学校体育训练的项目、内容、时间、地点和指导训练的教师情况。凡参加学校体育训练的人员可以根据自己的爱好、兴趣、时间及身体健康状况等，进行咨询、报名、选择、参加运动项目。大多数运动项目的训练是收费的，只有少数运动项目的训练不收费。

三、国外学校体育教学现状

（一）体育师资分析

体育师资是决定着体育教学质量的关键，国外学校体育教学的师资一般比较雄厚。在国外对于体育教师的聘任要求比较严格，在学校内部成立董事会，对于体育教师聘任需要通过董事会的决定，且具有说服力的面试邀请函由学校教育董事经过重重审议之后发出。当面试者接收到面试邀请函时，学校首先对其资格进行审查，然后经过初审的教师进入复试阶段的考察。在该阶段的考察中，主要对教师的文化背景、性格特点、知识水平以及教育观念等进行评定。最后对国外学校体育教学的师资组成进行调查，由于国外教育环境的差异性以及教学理念的不同，吸引来了很多优秀的外籍教师，这些外籍教师均能够用英语进行教学。在这样的教学模式下，能够促进各个国家之间的文化融合。

（二）体育教师教学能力分析

体育教师的教学能力是在师资基础上，对学科教学的理解，教师的教学能力能够对实际体育教学的课程设计产生影响。对于一个教学目标能否顺利完成完全取决于教师的教学能力，第一表现在教学文件制作方面；第二表现在教学方法运用熟练方面；第三表现在体育教学动作示范规范性方面。此外，体育教师的教学能力与教学创新能力息息相关，体育教师如果具有较强的体育活动创新能力，就能够在体育活动之余进行组织竞赛，并在较强的课外活动指导能力下实现课外活动指导。

（三）体育教学条件现状

国外体育教学条件与国内体育教学条件相比，存在明显的优势。体育教学条件除了体育教师素质能力，还包含体育教学场地与教学素材。而在国外体育教学中，体育教学场地与体育教学素材是课程开展的基础，因此在体育器材上比较全，例如在很多高校中体育场地有高尔夫球场、击剑馆等。

四、国外学校体育教学发展趋势分析

（一）体育教师队伍发展

随着国际文化的融合与发展，为了促进国家之间经济文化交流，国外体育教师队伍不再都是本国籍教师，而是逐渐发展成融合了多个国家的优秀教师队伍。甚至很多高校中的体育教师就是在该校就读研究生学位的学生。在促进国际学生就业的基础上实现了文化的融合。从数据上分析，中国体育教师在国外体育学校以及国际学校中所占的比例逐渐提升。

国外学校体育教师队伍不断发展，将在高校体育教改中，逐渐关注学生素质能力的养成。而在实际的体育教学中，支撑其逐渐完善的关键内容就是对于学生创新素质培养内容，在国外高校体育教学中，体育教师队伍的建设逐渐转变了体育竞技思维。说起体育就会想到比赛、名次等词汇，体育已经成为竞技的一种形式。而高校体育教学的宗旨与竞技体育之间存在着一定的差异，因此在实际教学中应该关注学生身体素质与心理素质的提升。

（二）学生学习发展

高校体育教学着重培养学生体育创新精神。体育教学活动是提升学生学习动力的基础，在未来的学校体育教学中，以学生为核心的创新性体育教学活动将在发展学生能力上发挥着关键的作用。从教学活动上入手，学校体育教学中学分制的教学模式将被改革，在原有的体育活动模式基础上进行改革与创新。为了促进不同国家体育文化交流，可以进行融合性的体育教学活动。在实际课程中，学生可以进行不同选择的项目教学，摆脱课程安排形式单一的问题。为了发挥出高校体育教学的优势，学生将在不同文化背景的体育教师带领下进行锻炼，并在不同的教学项目衔接紧密中发挥出体育潜能。

（三）教学设施发展

教学设施是教学中的关键，体育教学在原有设施基础上进行，对学生学习特点进行调查，增加很多人性化的教学设施。由于学生数量越来越多，所修建的学生宿舍占据了大部分的体育教学场地，因此，在学生增加、体育教学场地减小的前提下，需要引进优质的体育配套教学设施，来满足学生的需求。当学生人数增加时，在实际的教学中，体育教学一般采用小班分组教学方式。小班分组教学模式能够将教学效果提升、并实现教学设备的合理分配与利用，保障学生能够在学习中提升能力。

（四）体育教学课程发展

在未来，学校体育教学需要在各个试点建立教研结构，分别从德育教学、公共基础课教学以及体育专业知识教学等方面入手，逐步建立教学机构。在国外教育部门统一引导下，统计制订体育教学计划，根据学生体育教学特点以及学生学习程度制订教学计划。最后还需要制定良好教学评价机制，并在教研组中提出合理改革建议。“3 +4” 分段式教学模式在国际上应用广泛，但是其应用到体育教学中存在着衔接问题，需要在不同的国际体育院校中，建立起专门的教学组织机构，该机构一方面是对两个不同阶段教师教学水平的提升，另一方面是为学生提供良好的教学实践。

为了提升我国体育教学质量，需要对其他国家的体育教学进行研究，找到我国体育教学与国外体育教学的差距，并通过国外体育教学中的师资、教学模式以及教学设施等角度进行分析，并分析体育教学发展趋势。在现有的教学资源基础上，体育教学能够通过教师队伍的多元化发展，实现学生能力的发展。同时由于政府对体育教学的认可度比较高，因此对体育教学的经济投入较大，以小班组多元化的教学模式，鼓励学生在多种教学设施下进行体育学习。

第三节　学校体育文化建设的结构及方向

一、学校体育文化建设的结构

体育文化是有关人类体育运动的物质、制度及精神文化三个方面的总和，主要包括体育认识、体育价值、体育道德、体育理想、体育情感和体育制度等方面的内容。《全民健身计划纲要》《关于开展全国亿万学生阳光体育运动的通知》及《学校体育工作条例》的实施，对我国学校体育文化的建设产生了深刻的影响，同时提出了更高的要求和标准。面对学校教育国际化的趋势，学校体育文化的发展产生了新的变化，这就要求我们重新思考学校体育文化的建设与发展问题。

学校体育文化是以校园为空间，以学生和教师为参与主体，以身体练习为手段，在体育教学、科研、管理过程中共同创造的精神财富和物质财富的总和。它由体育物质文化、体育制度文化和体育精神文化构成。

我国学校体育文化建设在面向国际交流发展的今天，应该突出传统文化与现代文化相结合，以“创新”和“科技”为主的体育文化建设理念，从体育物质形态、体育行为活动、体育制度和体育精神等方面拓展具体的学校体育文化建设路径。

二、学校体育文化建设的方向

学校体育文化建设实际上是在挖掘学校体育文化要素的基础上，构建具有特色的学校体育文化体系，使其具有明显的可传承特征，进而形成标志性的学校素质教育符号。其目的是提升学校体育的价值，提高学生体育文化的素质，丰富学校的文化氛围，构建学校的和谐环境，凝聚学生的力量，为学校体育实现终身体育目标奠定基础。学校体育文化建设的方向主要包括以下几个方面：

第一，构建生动、规范、积极、活跃的学校体育文化形式，建立独特的具有传承意义的学校体育文化体系，包括体育建筑、体育制度、特色体育项目等。

第二，构建可传承的学校体育文化精神，使之成为学生素质教育不可替代的主要价值意义，包括体育代表人物、体育理念，代表体育文化的标志、旗帜、吉祥物等。

第三，构建拓展学校体育文化建设的路径。包括体育文化建设的内容、体育文化建设的方法等。

第四，学校体育文化建设与社会体育实践相融合。包括体育资源的产业化开发、优势体育项目的社会资源合作等。

第五章 学校体育文化教育

第一节 学校体育管理

体育课是实现学校体育目标的基本形式，是对学生进行有目的、有组织的教育过程，是学校体育文化的基本组成部分。体育课采用普修课、选项课、选修课相结合的形式，开展了集现代体育项目与传统体育项目于一体的体育教学形式。体育课在培养学生终身体育意识和锻炼习惯这一目的主线上，应提倡传统体育项目的开发和本地区体育的挖掘与教学，增加体育项目的趣味性、文化独特性。

体育是教育的重要手段，是学校课程体系中的重要组成部分。学校体育对培养学生的体育意识、体育能力、终生体育习惯、健康意识有举足轻重的作用，尤其是在现代社会，随着科学技术的迅猛发展，社会劳动生产方式、社会生活方式都发生了巨大变化，严重地影响着人们的健康状况，体育已经成为全球关注的社会性问题，人们也越发地感到体育的重要性。体育是健康生活方式的基石，是促进健康的载体，是提高人的生命和生活质量的重要基础与保证，体育学习对人的发展具有多方面的价值。学校体育是每一个受教育者接受体育教育时间最长，形成正确体育观的一个导向台，是达成体育目标的载体。

学校体育的价值在于，学生通过体育学习真正学会生存、获取健康，塑造良好、文明的生活方式、树立现代社会必需的协作和竞争意识，形成勇敢顽强、拼搏进取等优良品质，培养创新精神和实践能力；体育课在素质教育中发挥应有的作用，让学生真正感受到体育课的乐趣、益处，从而为培养其体育意识、体育能力、终身体育习惯打下基础；体育为健康服务，在健康的主线上体现学习效益，学生在培养身体基本活动能力的基础上，最终能较熟练地掌握一两项运动技能，了解科学锻炼身体的基本知识与方法，为培养具有全面素质的社会人才服务。

学校体育作为全面提高素质教育的重要手段，为年轻一代奠定了全面良好的素质基础，其主要社会功能就是把青少年培养成合格的社会公民。学校体育在素质教育中所起的作用是其他学科不能替代的。它为进一步培养有理想、有道德、有文化、有纪律的“四有”人才，发挥着特有的、不可缺少的重要作用；它是依据学生身心发展的特点，以适当的身体练习和卫生保健知识教育为手段，以体育、健康课和课外体育活动的形式对学生进行系统的健身、健美、健心教育及体育生文化教育，促进学生身心全面发展，促进学生个体社会化。

学校体育与健康课程在素质教育中具有独特功能，学校的体育教育具有社会需要和个人需要相结合的价值趋向。学校体育与健康课程的教育作用是通过对接受体育与健康教育活动的学生个体产生作用来实现的。同时，社会对发展学生身体的要求和学生个体对强健体魄、健美的内在需求；社会对奠定学生终身体育基础的要求和学生个体对锻炼身体、学会生存、获取健康、塑造良好文明生活方式的需求；社会对传递体育运动文化的需要和学生个体学习体育运动文化的需求等，都可以通过学校体育来实现。因此，只有对学校体育进行全面研究，才能对学校体育与健康教育课功能整合产生积极作用。

学校体育价值的实现必须使适应素质教育的学校体育围绕“以人为本”的核心来展开，并积极探索学校体育的组织、管理运行机制，体育课实施办法，学校体育资源配置措施，竞赛与校园体育文化，师资与学科建设，真正完成学校体育的价值回归。

一、学校体育的组织、管理运行机制

学校体育组织、管理体系是一个由多人构成的教育管理主体系统。它包括各学段体育教学目标、任务、内容制订的决策系统，体育课教学的监控系统，学校体育评价系统。

（一）各学段体育教学目标、任务、内容制订的决策系统

各学段体育教学目标、任务、内容制订的决策系统是整个体育教学方向的关键。它由负有决策责任的主要领导人员组成，其主要责任就是根据学生不同阶段的要求和社会文化发展的实际需要制订出适合学生生长发育和生理需要的体育教学计划，并把握教育教学方向，从发展的大局出发做出最终的决策方案。各级教育行政部门和学校领导在体育课程教学目标、任务、内容的制订方面起着决定性的作用。决策者必须遵循教学过程和教学对象的生理发展等诸多方面的规律。合乎天性的体育教学是决策系统制订教学目标、任务、内容时应加以关注的。对于体育教学的改革而言，作为决策系统的教育思想的转变是教学改革成败的关键。

（二）体育课教学的监控系统

体育课教学的监控系统主要是根据决策系统所制订的各级各项目标、任务、内容对教育执行者的工作进行监督。体育课教学的监控系统主要由学校教务处、体育部门领导组成。监控系统的成员在监督教学活动中必须认识到体育课与其他学科在教学形式上的区别，对体育课的质量评价不能局限于课堂教学秩序的好坏、教学内容的学术性和严肃程度、教学过程的技术含量等方面，体育课教学的监控系统应该深入了解体育课的特点，并给予教师自主把握教学的空间。体育课的教学方式应该是灵活多样的，它的成败在于是否能够满足学生全面发展的需求，以及是否能够满足学生个性发展的需求，是否能够满足学生年龄段的生理生长发育需求，是否能够培养学生的创造精神和实践能力等方面。体育教学的监控人员应该和教师进行积极沟通，了解教学过程中的实际情况，并及时向决策系统

汇报，使决策系统快速制订出科学的、完整的、可行的教学方案。体育课教学的监控系统不能使体育教师成为教学活动中的被动角色，只听命于决策者，而失去创造性地进行课程教学的权利。教师是教学改革的实践者，体育课教学的监控系统应充分给予教师理解和认识教学目标、任务、内容的空间，使教师能根据实际情况规划自己的教学蓝图。

（三）学校体育评价系统

学校体育教学的最终结果反映在对体育课的评价上，它不仅标志着体育教学目的的完成情况，还直接反映教师整个教学过程的价值取向。学校体育评价标准的理想与实施的现实存在着矛盾，过去的学校体育评价标准，在促进学生身体健康、心理健康，发展学生社会适应能力目标方面难以全面体现，其用竞技运动的测量标准去掩盖“健康”的体育概念，打击了学生学习体育知识的积极性。目前学校体育评价与学校体育教学改革形成了一对矛盾体。教师在面对教学大奖赛、职称评比、学校声誉、社会认同、个人晋级以及经济收入等实际问题时，确实无法直接进行教学改革。另外，体育课教学的监控系统中一些评课人员的评课标准仍然停留在形式上的常规性评价中，这使体育教师不得不只注重课堂教学秩序和过于表现自我，而忽视学生主体，以此来赢得评课人员对教师个人魅力的赞赏。教学成果的评价更像一把严格的标尺，通过评定竞技成绩来评定教学的优劣，这就形成了体育教学改革与评价体系的矛盾，以及参与教学改革的实践者与改革之外具有评价权力的评价者之间的矛盾。

学校体育的评价标准问题和由谁来评价的问题成为体育教学改革顺利执行的关键。“健康第一”“以人为本”的教学思想促使教学过程和教学内容中形成丰富多彩、适合个性发展需求的教育模式，然而这给体育教学评价造成了很大的压力，甚至使体育教学评价走入误区，这是因为考核的知识和形式比改革之前还要多。要不要考、考什么、拿什么考是体育评价改革面对“三维健康”模式应该研究解决的问题。

体育与健康课程提出的教学要求，明显缺乏明确的考核参照标准，使教学评价难以实现。诊断性和常规性评价虽然比较全面地体现了客观性、整体性、指导性、科学性等显性评价原则，但“二维健康”模式要求的心理品质、社会交往能力、能力培养等方面的隐性标准没有得到体现。体育能力评价的根本目的是促进学生身心健康的发展，而不是简单地进行优劣高低的区分。体育能力评价的标准是决定体育教学目标落实的主要因素。体育能力评价标准方案的设计、参照系数的选取、信息的采集、评价对象科学合理的分类等都体现了其价值取向。

二、体育课的实施办法

体育教学实践是有别于其他形式的教育教学实践。长期以来，我国基础教育课程受到“学科中心论”的强烈影响，体育教学也不例外，教学活动基本上就是以教师为中心、以书本为中心、以课堂为中心，严重忽视了学生的主体发展。现在提倡的素质教育理念就是要把以学科为中心转变为以学生主体发展为中心，这也是阳光教育理念对现在教育思路影响的体现。这是一个根本性的变革，是和国际上的“人本主义”教育理念相一致的。它也给体育教育注入了新的生机和活力。为了全面贯彻党的教育方针，促进学生的健康发展，落实《中共中央国务院关于深化教育改革，全面推进素质教育的决定》中指出的“学校教育要树立健康第一的指导思想，切实加强体育工作”的要求，学校应根据学生的兴趣特点，组织多种多样的体育项目，激发学生运动的热情，提高学生体育活动的能力和锻炼效果。为此，高校体育课既设置了满足学生身心发展的体育基础课，又开展了满足学生兴趣的选项课以及提高运动技能的选修课。循序渐进的课程安排和多样化的选择，满足了学生体育锻炼的实际需求。

另外，课堂教学活动要注重技术与健身的合理关系。面对正在生长发育的学生，不能过于讲求体育教学过程中理论知识和动作技术的含量。体育课的根本目的是通过身体活动来强身健体，而绝不是通过体育课的教学来培养竞技人才。“吃得苦中苦，方为人上人”不再是束缚我们的教育思想，把快乐还给课堂，使课堂轻松和愉快成为我们新的教学思想。体育课的教学形式绝非类同于军事化的训练，教师应在遵循学生身心发展规律的前提下大力开发多样化的教学内容，给予学生发挥自我创造性和张扬个性的空间，决策系统在把握体育教学内容、目标、任务方向的同时，应该充分给予教师自主选取教材的空间。传统的教材配给制不仅严重地束缚了新兴的教学理论和教育思想的运用，还使陈旧的教学内容和教学方式变得一体化，制约了教师自我创新和知识水平的提高。

总之，学校体育的发展必须从培养学生的健康、素质、个性、终身体育习惯四个方面入手，积极引导学生自主学习、自我评价，最终达到发展学生身心、适应社会需求的根本教学目的。

三、竞赛与校园体育文化

校园体育文化是指在校园这一特定的环境中以体育活动为主体，按照一定的体育行为规范，在参加校园体育教学、体育活动过程中所创造的物质财富和精神财富的总和。它是以校园为空间，以师生共同参与为主体，以运动为手段，以各种竞赛为主要内容的具有独特表现形式的一种群体文化。它不仅包括体育设施、体育活动、体育竞赛、体育表演等物质财富，也包括体育精神、体育价值、体育道德、体育风尚等内在的精神财富。它和校园德育、智育、美育等一起构成校园文化。竞技运动文化、群众体育文化对校园文化的建设具有引导作用，并共同构建着校园体育文化形式。

体育作为一种文化存在，既可以满足人们的生理健康需求，又可以满足人们的精神需求；既是一种健身娱乐的方式，又是一种社会文化的继承和发展。高校是建设、创造、传播人类文明的示范区，是人类文明的集散地，是培养人才和创新知识的基地，它始终引领先进文化的前进方向，处于教育文化的最前沿，具备先进的传播媒介和手段，对各种社会现象比较敏感。校园体育文化已经成为时代的体育晴雨表，有着一定的先导性，能迅速汇集、传播各种体育信息，及时反映体育动态和体育科技发展水平。学校因有了体育文化这种先导优势，就能根据教育改革发展的大趋势，确定体育教育发展规模，设计校园体育设施的管理方式，制订体育教学任务计划，充分发挥社会服务功能等。

大学生作为校园体育文化的主体，在紧张的学习之余所向往的是既能调剂校园生活，又能获得强身健体知识和运动才能的活动项目，校园体育文化恰如其分地满足了这一要求。而运动竞赛正是引导鼓励学生从事体育活动的有效手段。

四、师资与学科建设

体育教师不断学习、进步，掌握新型教育理论、知识，有助于其体育教学理念的不断更新、教学方法的不断优化。体育教师培训者应由体育教育专家、学者组成。其任务就是运用专家学者的智慧、学识来充实教育工作者的教学工作。体育师资的组建和培养是决策系统为了不断提高体育教师队伍素质而采取的措施。体育师资的组建和培养，有助于教师运用科学、合理的教学过程，有效把握教学活动的客观性、价值性、严密性、正常性、可理解可接受性、可信性、自觉性等。体育教师业务水平的不断提高成为教学改革顺利完成的保证。体育师资的组建和培养对体育课教学质量的保证发挥着重要的作用。体育教师的培训工作应定期开展，只有不断更新知识，才能满足信息时代下学生的发展需求。

体育师资队伍建设是教学的保证，体育学科建设就是师资队伍建设的载体。体育学科建设是学校体育工作的重点，是学校体育发展的主线，学科建设的状况从根本上反映和体现了学校的办学水平、办学特色、学术地位和核心竞争力。学科建设要先确立学科发展的战略、策略和方向。学科建设必须与学校的发展战略目标相一致，并为实现这一目标服务。这种指向性集中体现在学科的结构定位、水平定位和地位定位方面，这就要求学校在体育学科建设中必须树立“基地意识”“一流意识”和“特色意识”，只有这样才能体现优化结构、突出重点、凝聚团队、构筑基地的建设思想。

体育学科建设要从学校的实际出发，全面分析现有资源结构、特色、水平、优势和劣势，根据教育规律和学科发展规律，使多学科交叉融合，相互依托，优势互补，支撑发展，形成人文素质与能力相结合的素质教育，形成良好的学科建设环境。另外，体育学科建设要求目标明确，重点突出，措施切实可行。要根据实际情况，确定具体建设目标，找出自己的特色，围绕特色学科，加大投入，加强建设，力争创办精品工程，引导教学发展。

体育部门学科建设归根结底都是为了提高学科的学术水平、学术实力和一流人才的培养能力。因此，体育学科建设与师资队伍培养是体育部门发展中相辅相成的共同体，也是体育工作实际成效的保证和体现。

五、高校资源互补，发展学校体育工作

高校是培养人才的基地，高校内部具有多样化发展的基础。体育学科是一门交错性、

渗透性较强的综合学科，它的发展需要运用其他学科最新的研究成果，需要借助其他学科的资源，根据学科发展的目标，优化结构、突出重点、形成特色。因此，学校应以课题和研究基地的建设作为载体，整合其他学科的力量，形成多学科合作攻关的研究氛围，从而推动学校体育工作的开展。另外，体育的社会化是体育学科发展的趋势，学校体育建设离不开对外交流，高校之间的高水平竞技、社会体育培训基地的建设、体质健康监测实验室的建设，都是学校体育有所作为之处。高水平运动队的联姻和省队校办的训练基地、企队校训的培训基地等一系列培训、训练基地的建设，都将为体育学科建设和发展提供有力的支持。

学校体育工作的顺利开展离不开内因和外因的相互联系、相互作用。通过部门之间、校际之间、学校与社会之间频繁、广泛的体育交流与接触，学校能增进与社会的沟通，开阔体育工作的视野，积极汲取社会活动中的有益成分，推进学校体育工作的开展。

第二节　培养学生终身体育能力

一、建设高校体育自主选课制

教育部印发的《全国普通高等学校体育课程教学指导纲要》（以下简称《指导纲要》），要求全国所有高校开始施行，强调“学生应具有自主选择课程内容、自主选择任课教师、自主选择上课时间的自由度”。各高校如何利用现有条件，有效地推进自主选课已成为高校体育课程改革的重要课题。

目前，国内部分高校结合本校实际实施了体育自主选课制，在满足学生个性发展，促使教师积极开展教学研究，并努力提高教师自身业务素质等方面进行了有益的探索，课程内容以促进学生身心健康为目的，基本能完全满足学生的选课意愿。体育课也成为塑造良好文明生活方式、树立现代社会必需的协作和竞争意识，以及形成勇敢顽强、拼搏进取等优良品质的一门重要课程。体育选项课切实提高了体育课的效益，积极发挥它的功能，可使学生真正感受到体育课的乐趣、作用，从而为培养学生的体育意识、体育能力、终身体育习惯打下基础。让体育为健康服务。体育教学应建立在以人为本的学生观上，以学生需求为本，针对差异进行教学，切切实实让每一位学生在不同方面受益，获取能力，在健康的主线上体现学习公平性，在发展身体基本活动能力的基础上，最终能熟练地掌握一两项运动技能，掌握终身科学锻炼身体的基本知识与方法。

当前，为学生构建一个自主、体验、合作、交流的学习环境已成为全社会的共识，培养学生的自主学习能力，要以现代学习理论和素质教育思想为指导，美国建构主义心理学家布鲁纳极力提倡：“学生应主动地学习，亲自地探索”“主动地发现，而不是被动地接受知识”。著名瑞士建构主义心理学家皮亚杰主张：“一切真理要由学生自己获得，或由他重新发现，至少由他重建，而不是简单地传递给他。”素质教育强调培养学生发现和处理信息、获取新知识与技能的能力；重视培养学生分析解决问题、语言表达与团结协作的能力，以及终身学习与自我发展的能力等。

学校体育在素质教育中所起的作用是其他学科不能替代的。它为进一步培养有理想、有道德、有文化、有纪律的“四有”人才，发挥着特有的、不可缺少的重要作用；它是依据学生身心发展的特点，以适当的身体练习和卫生保健知识教育为手段，以体育、健康课和课外体育活动的形式对学生进行系统的健身、健美、健心教育及体育卫生文化教育，促进学生身心全面发展，以促进学生个体社会化。

教育部积极倡导自主选课，即学生自主选择上课内容、自主选择任课教师、自主选择任课时间的自由度，选课制的实施必将促使传统的高校体育课程教学与管理出现一系列的变革。如何根据各学校自身的特点、现有的体育资源与学生的需求，有效地实施自主选课，并在教学中为学生营造自主、合作、交往的学习氛围是目前体育教学改革亟须探讨的课题。

以下是实施“选课制”的有效方法。

第一，开发体育选项课管理系统软件，提高工作效率，实现选课管理的计算机网络化。第二，进一步拓展课程资源，增加课程的新颖性，重视新兴体育项目的开设，满足学生的需要。第二，改革体育课程评价方式，探索具有激励机制的体育课程评价体系。第四，重视学生体育学习中的情绪体验，激发学生学习的积极性与主动性。第五，探索自主学习教学模式在体育学习中的运用。

由于现行的高校体育教学模式和内容已不能完全适应社会的发展，因此，高校体育课程实行“选课制”势在必行。

实施“选课制”，学校需面向全体学生开设多种类型的体育课程，以此满足不同层次、不同水平、拥有不同兴趣的学生的需求。这既培养了学生的体育特长，又兼顾了他们的兴趣与爱好，体现了以人为本的教学思想。

“选课制”实现了不同系别、不同专业、不同性别学生的重新组合上课，使具有相同兴趣和爱好的学生聚合在一起，不仅培养了学生的交往能力，还有利于学生间的相互学习与交流。

尽管“选课制”满足了学生的需求，但学生未必一定能积极、主动地进行体育学习与健身锻炼。自主学习是当今教育研究的一个重要主题，也是落实素质教育和深化高校体育教学改革的需要。培养学生的自主学习能力，激发学生的学习积极性，营造积极、主动的学习氛围，充分发挥教师的主导作用与学生的主体作用，对培养学生的体育意识和终身体育学习能力将产生积极的影响。

体育自主选课符合当前高校体育教学改革的需要。大学体育自主选项课的建立将辅助体育教学、提高教学质量，同时对大学生体育学习提出了更高要求。大学体育自主选项课为提高高校体育教师业务水平和运用现代理论教学提供了契机，也为不断提高教师自身素质，提高学科竞争力打下了基础。大学生的体质和健康关系着国家的发展，学校应树立

“健康第一”的指导思想，使学校的体育工作围绕着大学生的科学体育与社会发展来开展，要时刻了解和把握大学生的体育素质状况及发展趋势，通过深化体育教育改革与创新，不断提高大学生的能力水平，只有这样才能为祖国培养出更多的栋梁之材。

二、体育自主选课制管理体系

学校体育作为学校教育的重要组成部分，为了实现“身体健康、心理健康、社会适应”三维健康模式的学校体育目标，从竞技韵味十足的观念中解脱出来，学校体育能力评定体系也从量化模式进一步转向以人为本的阳光体育模式。三维健康概念的提出为学校体育模式注入了新的诠释，然而学校体育的主体建设方向仍然体现在体育实践基础教学上，终身体育教学结构建设落后于当今的教学改革，不能满足学生对终身体育健身知识的需求。

要基于大学体育自主选课教学平台，利用现代教学理念，探讨适合大学生终身体育需求的体育教学模式和校园体育文化结构，使大学生终身体育学习在规范教学模式的基础上，可以通过校园网数字互动的平台，明确、清晰、简明地了解大学期间所需选择的体育专项文化知识。并且平台的建设，便于对体育专项知识的指导，以及相关体育专项运动方法的介绍、运动疾病的防治、体育欣赏、运动心理调节和体育史料查找等。

下面将从大学体育自主选项课的教学结构、校园体育文化的结构模块、大学体育选课互动媒体平台三个方面进行阐述，从而构建以终身体育理念为基础的大学体育选课体系。

（一）体育自主选课的教学结构

体育课的教学结构一般是指组成一节课的几个部分，以及各个部分的教学内容和组织工作的安排顺序与时间分配等。遵循学生身心变化规律和体育教学过程的基本规律是体育课教学结构的重点，规划体育课的组成部分、目标、教学内容、教学组织方式、教学时间分配是体育课教学结构的主要内容。体育课教学结构将教学活动分为准备部分、基本部分、结束部分三个基本部分，并在不同时间段针对教学对象，设计不同的活动内容、安排不同的运动负荷。大学体育课教学结构模式具体要求如下：

1. 准备部分（上升阶段）

（1）机体能力特点

主要是进行生理上和心理上的准备，逐步提高大脑皮层的兴奋度，使机体进入工作状态。

（2）教学目标

①使学生明确课的任务，有组织地开始一节课。

②培养身体的正确姿势，促进身体的全面发展。

③为基本部分的学习做好准备活动。

（3）内容和教法特点

①课的内容主要是课程标准的基本教学要求。

②准备活动性质分为：一般性准备活动、专项准备活动。

③为基本部分的学习内容做好准备。

（4）时间

占课总时间的15%：约15分钟。

2. 基本部分（稳定阶段）

（1）机体能力特点

机体能力处于最佳状态，大脑皮层具有最适宜的兴奋度。

（2）教学目标

①使学生学习和掌握体育的基本知识、基本技术和技能，以及锻炼身体的方法和手段。

②发展学生的身体素质，增强体质。

③培养良好的思想道德品质。

（3）内容和教法特点

①教学内容根据课程标准，结合学校实际情况进行安排。

②组织教法特点：第一，合理安排主要教材内容学习顺序；第二，安排辅助练习、诱导练习和教法步骤；第三，确定各项教材内容练习的次数和时间，合理安排课的密度和运动负荷；第四，安排分组练习。

（4）时间

约占课总时间的65%：约65分钟。

3. 结束部分（下降阶段）

（1）机体能力特点

机体出现疲劳，大脑皮层兴奋度下降，机体能力逐步下降。

（2）教学目标

有组织地结束教学活动，使机体逐渐恢复到相对安静的状态，对本课做简要的总结。

（3）内容和教法特点

轻松自然的放松练习，简单的舞蹈，平静的活动性游戏等。扼要小结本课教学，布置课外体育锻炼的作业。

（4）时间

约占课总时间的10%：约10分钟。

（二）校园体育文化的结构模块

本书通过对大学体育的知识结构分析，将校园体育文化体系归纳为知识学习能力、健身能力、终身体育能力、体育欣赏能力四个方面，以此实现对学生终身体育知识的普及。

1. 知识学习能力模块

（1）体育理论学习

体育理论包括世界体育历史的发展、各体育项目的特色、体育与传统文化的关联与融合、大众参与体育文化的方式、体育与健身的特点等终身体育知识学习模块。

（2）人体机能测定

利用台阶试验、身高、体重、握力、肺活量、坐位体前屈、立定跳远等综合测试，按照《国民体质测定标准》进行自我评定有氧代谢能力和无氧代谢能力水平，使学生学会科学化地监测体育健身标准。

2. 健身能力模块

（1）人体形态学

将机能系统解剖结构与生理形态结构通过3D等虚拟技术的形式植入校园网数据库，直观体现出人体机能形态，便于分析掌握体育运动对人体结构的影响关系。另外，结合人体各项体格指标的测定等，充分掌握人体内外结构的特征。

（2）运动生化

将机体血乳酸、血糖、血尿的检测与评定数据划分等级，实现不同运动强度与常规安静状态下的人体化学成分变化状态数据分析。

3. 终身体育能力模块

（1）运动技术动作

通过计算机数据处理技术，对各项运动技术动作进行解析、三维测力分析等，指导科学体育活动的开展。

（2）运动医疗保障

研究各项运动损伤的处理与急救方法，研制运动保健方法与科学健身处方，科学配制与实施运动营养，保障科学开展终身体育锻炼。

4. 体育欣赏能力模块

（1）体育美学

介绍体育运动中健身与健美的特点、体育美的特征、竞技体育美的表现形式等，完善对体育美的认识。

（2）竞技体育欣赏

欣赏高水平运动队的竞技体育，对体育规则进行介绍，成为看得懂、会分析的校园体育比赛的参与者。

（三）大学体育选课互动媒体平台

1. 建立体育信息数据库

基于校园互联网系统，采用Microsoft SQL Server 2000数据库系统作为设计后台，利用

ODBC 数据源连接 Web 应用程序。设计数据库结构时，严格遵守数据的一致性、完整性、共享性、安全可靠性、可扩展性、灵活性和减少存储冗余度等要求。本系统的数据表主要包括学生用户信息统计表、健身知识数据表、体育知识信息表、体质信息教参数据表、体育技能信息图文数据表、教辅资料音像数据表和它们之间的关联表、权限配置表等。

2. 互动选课平台功能的实现

互动选课平台主要包括三个功能模块：后台管理子系统、选课检索互动子系统、个性化体质监测服务子系统。

（1）后台管理子系统

后台管理子系统包括用户管理子模块、IP 访问控制管理模块、数据资源传输管理模块三部分，分别实现了对整个系统的用户信息、数据资源信息的管理、更新和维护功能，以及对用户使用范围的限制功能。

（2）选课检索互动子系统

用户通过虚拟技术平台，将涵盖各种体育专项选块、人体机能、人体形态学、运动生化、运动技术动作、运动医疗保障、体育美学、竞技体育欣赏等多种内容和形式的体育专项分类，分别实现了对体育知识多方面需求的自主互动选择，成为大学生自主选择体育知识的重要途径。

（3）个性化体质监测服务子系统

构建个性化体质监测服务子系统主要是建设人体机能互动监测平台，其功能有：台阶试验、身高、体重、握力、肺活量、坐位体前屈、立定跳远等有氧代谢能力和无氧代谢能力及力量、柔韧性等素质评定；机能系统解剖结构与生理形态结构观察分析、人体各项体格指标的测定等；机体血乳酸、血糖、血尿的检测与评定，人体成分、酶的功能分析；各项运动技术动作的三维数字解析和测力分析等；运动损伤的处理与急救、运动保健方法与科学健身处方的研制、运动营养的科学配制与实施手段。

高校将符合学生实际需求的选课形式作为体育教学结构的基础，这是我国学校体育改革发展的重要表现，是发展学校体育的趋势，也是学校体育以人为本的发展理念的充分体现。高校自主选课教学模式建设，实际上使传统的体育教学从单一模式向多元和全面的知识获取模式转变，是对新的大学体育知识教学模式的探索。

在体育教学领域，终身体育能力培养是教学活动中一项重要的教育指标，学生的体育能力水平不仅影响其学业成绩，还将对其终身体育能力产生深远影响。终身体育能力的培养需要合理的引导，教学模式改革就是要建立在对其能力具有引导意义的指标体系框架内，使其有据可依。

通过了解各高校大学生体育选项课的现状、存在的矛盾与问题、可能有效的解决途径等，探讨其中的内在联系，初步建立适宜、可行和有效的培养终身能力的高校体育自主选课体系。规范教学模式，形成内外环境条件的配合，最终达到学生内在学习动机和外在学习策略对其终身体育能力培养的双重保证，进而完成学生独立思考能力和自我评价能力的目标，为学生提供未来独立学习、适应社会等方面所需的技巧和能力。

三、培养学生终身体育能力的保障机制

学校是学生接受正规系统体育、健康教育时间最长，形成正确体育、健康观最佳的时期和场所。完善的体育学习对提高大学生的体育创新精神和实践能力具有重要作用。学校应切实提高体育课的效益，发挥体育根本价值功能，让学生真正感受到体育课的乐趣、作用，从而为培养学生的体育意识、体育能力、终身体育习惯打下基础，让体育为健康服务。

（一）完善选课机制，保证科学选课质量

聘请专家指导或加大专业教师的培训；加大对大学生体育能力和素质培养的力度；将专业特长与社会实践紧密结合，在每学期的专业课程中设置指导班级或体育团队，要求完成至少一项社会实践，即体育科学指导活动。

（二）设立课程专项基金

适时地开发与社会需求紧密结合的体育学习项目。适时投入经费，对陈旧落后的设备进行更新，适量添置开放课程所必需的仪器设备，满足学生和教师的教学、实验要求。

（三）建立选课档案

选课者完成学习后，可进行社会实践活动，教师应根据学生参与活动的数量、难度，给予相应学分，并鼓励学生主动参与社会体育活动。

（四）优化体育知识结构和学校体育资源配置，提高体育学习效率

合理地整合学校资源，优化课程结构，对大学生体育学习进行统筹化管理，催生多功能、全方位的体育科技服务。

（五）建立大学体育知识计算机网络管理系统

利用校园网对体育活动和体育健身科学知识进行拓展，将现代化的管理手段融入数字化的管理中，全面完善现代化的体育互动学习平台功能。

（六）创造新的运动形式和锻炼方式

在加强传统教学内容的基础上，根据社会发展的实际需要，结合当代大学生体育观念的变化特点，创造新的运动形式和锻炼方式，提高学生的健身意识。同时积极引导大学生克服消极情绪，参加各类体育活动，使自身身体素质和运动能力得到全面发展。

（七）尽快建立并完善大学生体育活动监测网络和科学健身指导体系

四、开展自主互动学习实践

高校体育选修课的开展对于大学生体育技能的学习起到了积极的推动作用。然而，高校体育课的开展仍然存在着较多的现实问题，诸如陈旧的教学模式，机械地将教与学的过程分裂，违背了以学生为主体的教学模式的主旨，导致教师的“教”与学生的“学”脱钩，成为教学过程中的独立环节。大学体育教学是有别于其他教学形式的特殊教学，学生自主学习能力的强弱直接决定教学效果的好坏。积极探索学生自主互动学习法，对于学生避免因教学刻板、技术动作掌握慢、练习密度小、缺乏自主理解空间、相互交流机会欠缺等导致的兴趣低迷、被动、消极对待学习具有重要的意义。

以高校体育选项课——网球教学为例，学生自主互动学习的试验研究，将以扩大学生自主练习空间和时间、增加练习密度、加强交流、扩大教师实际参与范围等为目的，激发学生学习的主观能动性、创造性、积极性，从而提高学生课堂兴趣，加强学生对体育的理解力，达到以学生为主体的自主教与学互动，提高教学质量。学生自主互动学习方法的设计以体育教学规律为基础，以培养学生自主学习能力为目的，力图创新教学方法和手段，为体育教学课构建新的、更有效的教学模式。

（一）学生自主互动学习设计

根据学生练习空间和时间的实际情况，以增加练习密度、提高练习效率、加强交流、扩大教师实际参与范围等为目的，根据不同学生的实际情况开办自主互动学习试验班和采取传统网球技能教学模式的对照班，展开相关数据的对比试验。

（二）自主互动学习在教学过程中的运用

网球教学中学生自主互动学习要求学生首先熟悉教师所授技术的内容，并能够准确表达出来，然后结合技术动作自行指导，最终达到以口述指导实际动作技术的目的。该方法不仅可以运用于自身技术的指导，还可以在实际组合练习的过程中，发挥相互指导的作用。学生自主互动学习法充分利用语言与技术动作的结合，促进学生自身以及学生与学生之间主动协同地进行自导、互导、自查、互查、自评、互评，充分发挥学生学习过程中的自主性，从而提高网球教学效果。

1. 课前准备阶段

在学习网球前，教师根据教学需要和场地、器材条件，安排分组数量，由学生自由组合成若干小组，明确个人分工。

2. 灌输技术动作要领

教师详细讲述各项技术动作要领，要求学生掌握完成技术动作的基本过程，但不要求技术动作的精确度。

3. 自主互动学习与教师指导训练

在网球教学过程中，采用自行设计的学生自主互动学习法，要求学生分工明确，掌握要点，能够互相指导。

4. 自我评价与小组互评

网球学习结束，检查各小组学习情况，并进行汇报演示，教师规范教学要点，指出不足。

本方法采用学生有较大自由度的形式，在教学中创设快乐有趣的学习氛围，培养学生的学习兴趣和创造性思维，同时培养学生自主合作探究精神；通过体育与健康课的教学，展示以教师为主导、以学生为主体的互动学习过程；通过学生良好的合作与竞争，提高学生的综合素质，使其学会在生活中合作、创新、享受。在教学过程中，教师启发学生积极思考，激发学生的求知欲、表现欲、创造欲，不仅培养了学生独立动脑思考的习惯，还使学生在相互合作的过程中，锻炼了相互协作的能力，培养了学生学习的兴趣，发扬了学生的个性，增强了学生的信心。

高校体育选项课的实施，为体育教学提供了自主多样化选择的可能。以培养学生能力为主线的自主互动学习法，采用了启发式的教学方法，教师利用动作迁移的方法，把生活中的细节当成模仿动作，以帮助学生记忆。在教学过程中，自主互动学习法充分体现了学生的主体性，留给学生自我选择的自由空间，让学生发挥自己的创造力和想象力，亲自实践合作探索；通过观摩教师教学情景，使学生分组互为教学对象，激发学生的兴趣，培养学生不甘落后、敢于挑战、敢于超越他人的勇气和信心。自主互动学习法构建了良好的学习氛围，利用好生影响差生，提高了全体学生的学习主动性，帮助学生克服了心理障碍，使学生在快乐的氛围中接受知识、提高能力。

第三节　体育认知能力评价体系

目前，高校体育大部分的教学资源都放在体育技能实践课上，对理论知识的教学一直处于比较缺乏的状态，在体育教学内部也一直是重技能、轻理论。从知识认知的过程来看，理论知识的学习应该是技能学习的前提，对技能学习发挥着指导作用，直接影响运动技术的教学效果，并能有效地引导教学开展。明确的体育理论学习标准，使教学表达明确、清晰、简明、富有感染力，因此体育认知学习标准应注重教育的基础性、全面性，具体体现在体育认识能力、体育欣赏能力、运动心理能力、科学运动能力等方面。我们需要在明确了大学体育结构的前提下，构建理论学习与运动技能学习相结合的二元结构，构建相关评价体系，并最终确立高校学生体育认知能力评价的标准。

一、大学生体育认知能力评价体系构建目标

（一）大学生体育认知能力评价指标体系建设

可以运用二元结构分析法，在全面分析了高校大学生体育认知能力评价体系现状的基础上，以高校本科生为研究对象，对高校大学生体育认知能力评价体系的考核方法、考核内容、理论知识学习能力、体育欣赏能力、健身能力以及终身体育能力等进行全面而系统的研究，力求使高校大学生体育认知能力评价体系系统化、规范化、科学化，并形成完整的理论体系和实践操作模式，为高校大学生体育认知能力评价体系建设提供科学的理论指导，推动高校体育教学体系再上新台阶。

（二）二元结构评价体系中的定期监测模式设计

大学体质健康监测实验室是集人体机能指标评定、人体形态学分析、运动生化分析、运动技术动作分析、运动医学分析、运动保健分析、运动营养分析于一体的多功能综合性实验室。该实验室的建立为在校大学生各项体质健康指标提供科学的检测及评定，并为其制定科学合理的运动处方，同时为大学竞技运动队的科学化训练提供必要的科学指导。大学体质健康监测实验室定期监测模式的内容和任务如下：

1. 组织工作

安排测试年级、组织测试指导人员和仪器设备安装、配合教研室完成对学生的测试工作。

2. 业务指导与质量控制

对体质测试仪器使用及相关体质健康知识进行培训；业务监控与指导。

3. 数据统计与分析

对学生体质测试数据进行处理，分析体质动态，给出体质健康水平。

4. 问题分析，拟定干预措施

对学生体质健康状况进行科学分析，制定科学锻炼处方，指导体育锻炼。

5. 测试结果定位及计划制订

逐级（班级、年级、学院、全校）定位学生体质健康水准，制定对策和计划，为大学体育教学内容的编排提供科学依据。

6. 测试结果应用及评价

根据不同层级的测试结果，制定科学锻炼标准，及时对教学效果进行评价。

（三）二元结构评价体系中的理论学习能力评价指标制定

对于非量化的评价指标，如体育理论课程学习时长等，无法通过单个学员的学习行为

数据衡量学习效果。因此，要求学生首先通过 Web 登录校园网的体育理论学习系统进行学习，这样就能得到所有学生读取数据库的行为数据；然后将单个学员的学习记录数据与班级其他学员学习活动评价指标的平均值进行对比，确定被测量者的个人学习能力值与班级平均值之间的关系；最后根据分析得到的数据绘制个人能力评价示意图，并给出相应的学习成绩。

二、大学生体育认知能力培养的途径和应注意的问题

（一）大学生体育认知能力培养的途径

大学生体育认知能力的培养一般是通过课堂教学、课外活动、社团活动等。高校应采取以“健康教育”和“终身教育”为主线的教学模式，以学生选课为核心，重视教师的主导作用。在课堂上，教师要结合动作讲解相关的理论知识，激发他们探索的兴趣和实践的愿望，合理规划教学内容使他们获得愉快的运动体验和系统化的条理知识；结合具体的运动项目列举体育名人事例，讴歌体育精神，传播体育文化，尽量拓宽他们的认知空间。在课下，让他们试着去发现并解决运动健身、体育保健甚至体育文化中的不解之处，培养他们认识解决问题的能力，培养他们一项兴趣爱好，树立他们正确的偶像意识，并以此为具体的认知对象引导他们个性化的认知活动。教学生利用媒体、文献资料甚至通过比赛等获得知识，增强能力。在高校中大力发展各种体育社团，鼓励学生积极参与，开展丰富多样的社团活动，促进学生之间的体育交流合作，使他们认识到体育的交往等其他方面的功能。

（二）大学生体育认知能力培养应注意的问题

在高校公共体育教学中，大学生体育认知能力的培养必须注意以下几个方面的问题。第一，正确协调认知因素和非认知因素之间的关系，充分发挥非认知因素在认知过程中的积极作用。协调好二者之间的关系就能充分发挥非认知因素的动力功能，促进认知因素的充分发展。第二，教师要牢牢把握课堂，重视课内外体育活动的开展。课堂上教师通过传授技术动作和卫生保健知识技能，教会学生掌握一定的认知技巧和方法；通过传播先进体育文化树立学生的典范意识，培养他们的体育文化品位；通过社团以及竞赛等文体活动对他们的课外活动等进行必要的指导。第三，要注意个体差异，结合他们的体育基础从实际出发培养他们的体育价值观，以“需要”为突破口，逐渐培养他们的习惯。第四，要和学校的各项体育政策和各种先进的体育思想结合起来，在相关政策指引下，培养学生宏观逻辑能力，在政策框架下构建他们的认知能力体系。第五，和学校的德育智育工作结合起来，充分认识德、智、体之间的联系，挖掘德育和智育对他们体育认知能力培养的助力作用。

综上所述，大学生体育认知能力评价体系的构建对学生的能力培养具有积极的导向作

用，对提高大学生的综合素质尤为重要。体育能力评价体系的二元结构将正确引导学生自觉、主动地提高自身素质，促进学生的自我完善，对教学工作具有科学合理的引导作用。评价体系既是对学生全面素质的一种价值判断，又是改进和完善教学、管理工作的一种重要手段。借助评价体系，教师可以发现教学中存在的问题，建立合理的教学模式，规范教学活动，找出自身教学工作中的缺点和差距，积极改正，进而为学校教学改革提供有说服力的资料。

第四节　学校体育组织及活动

一、独具特色的学校运动会

学校运动会是推动学校体育活动广泛开展，促进学生运动技术水平提高的有力手段，也是学校体育文化的重要组成部分，还是学校宣传体育文化的途径之一。一年一度的大型学校运动会在展现各体育项目特色的基础上，应该体现出科技与创新的文化理念，将传统的学校运动会由单一的运动竞赛转变为融健身、娱乐、竞技、科技创新文化活动为一体的多元性综合体育文化盛会。

二、引导多元体育文化开展的单项体育协会

学校单项体育协会是培养学生体育兴趣，丰富学生业余生活，活跃校园气氛的重要途径。学校体育协会，一般分为竞技类，如球类协会、武术协会等；休闲娱乐类，如棋牌协会、舞蹈协会、钓鱼协会等；极限运动类，如登山协会、攀岩协会、轮滑协会等。我国高校单项体育协会始于20世纪70年代，兴于90年代中期，下设田径分会、篮球分会、排球分会、足球分会、乒乓球分会、健艺体分会、武术分会、棋类分会、网球分会、橄榄球分会、击剑分会、国防体育分会、游泳分会、羽毛球分会、手球分会、冰雪体育分会、定向越野分会、射击分会、攀岩分会、桥牌分会、自行车分会、棒垒球分会、舞龙舞狮分会、赛艇龙舟分会等24个分会。比较有特色和知名度的大学体育协会有南京理工大学的舞龙队、北京大学的山鹰社等。

学校单项体育协会不仅要每年组织单项体育赛事，推动学校体育文化建设，还应该建立校际间的大学体育单项协会联盟，为学校体育的开展凝聚更多更强的力量。

三、弘扬学校文化的体育文化节

学校应该每年开展一次体育文化节活动，如集传统体育文化表演、现代体育文化展示、体育科技创新、趣味娱乐、竞赛于一体的体育文化活动周。学校体育文化节的开展不仅有利于展示各单项体育协会的特色活动，还为广大学生提供了感受运动快乐的机会，使

学校体育文化融入每一个学生的生活中。如拔河、多人绑腿跑、踢毽子、长绳接龙等项目，参加人数多、场面热烈，运动员们参与积极，竞争激烈，各班的啦啦队文明、奔放、热烈，充满激情与活力，不仅为学生提供展示个人才华和发展个性的机会，还增强了学生的集体责任感、荣誉感。此外，体育文化节除了体育表演、体育比赛、宣传教育等内容外，还可以开展诸如体育专题讲座、体育演讲比赛、体育知识竞赛、图片资料展览等活动。

四、学校体育文化的标志宣传

常态化的学校体育文化教育宣传应该包括学校体育文化知识网站的建设和学校体育文化宣传板报、口号、标语、吉祥物、旗帜等宣传媒介的应用。在为学生介绍体育知识、体育赛事、体育培训、体育消费指南、体育欣赏、体育明星及国际和国内体育动态、生理和心理健康知识等方面体育内容的同时，学校应积极开发能够彰显学校体育文化价值的具体代表物。

五、学校体育文化品牌

品牌学认为，品牌的概念不仅是对某特定事物的抽象化概括，它还具有浓厚的精神文化特征，它是具体的、物质的、动态的。品牌具有精神和物质双重属性，它是精神文化与物质载体的融合产物。建设具有鲜明特色、高品质的学校体育文化品牌，应该采取以下三个方面的措施：

（一）建设适合大众参与和观赏性极强的传统体育项目

如清华大学、北京大学的龙舟队，南京理工大学的舞龙队等。以传统体育文化为代表的中国体育文化经历了数千年的传承与洗礼，形成了“文化自觉”的传统模式，传统体育文化项目的开发与创新，能够为建立特色的高校体育文化奠定基础。

（二）建设代表学校体育竞技水平的高水平运动队

如武汉理工大学的篮球队、武术队。其以高水平运动队为载体的学校文化交流活动、国际文化交流活动，对学校体育文化建设起到了巨大的推动作用，已经形成了该校体育文化的品牌效应。

（三）宣传推广具有代表性的体育人物、特色体育理念等

大力推广学校体育文化的突出代表人物，创建学校体育特色优势文化，引领体育学科发展。积极拓展体育竞技品牌项目，推广代表优势体育文化的标志物，构筑现代奥林匹克精神和中国传统体育文化相结合的体育理念，对学生体育观、人生观的形成影响深远，并对体育教育潜移默化地发挥着引导作用。

学校体育文化建设实际上是在挖掘学校体育文化因素的基础上，构建具有特色的学校体育文化体系，使其具有明显的可传承特征，进而形成标志性的学校素质教育符号。其目的就是提升学校体育的价值，提高学生体育文化的素质，营造学校的文化氛围，构建学校的和谐环境，凝聚学生的力量，为学校体育实现终身体育目标奠定基础。创新和发展学校体育文化建设同时是现代化大学对外交流的窗口。

第五节　体育文化兴趣培养

学校体育教育的根本目的不仅是传授体育知识，还包括培养学生的终身体育能力。而终身体育能力的培养，关键在于对学生体育兴趣的培养。因此，在体育教学中，要注重学生情绪、情感的激发，注重教学情绪对教学的影响，并通过科学的管理手段和严密的组织措施来逐步提高学生对体育的兴趣，体验体育的价值。

高校体育教学有助于引导学生养成良好的体育习惯，激发学生对体育运动的兴趣、爱好，并养成良好的体育习惯，从而树立终身体育观，使体育成为其生活中一个不可缺少的组成部分。本书通过分析我国体育文化背景，积极探索现代体育教学与传统文化相结合的逻辑结构，力图找到适合我国大学体育教学培养学生体育兴趣的途径，使大学体育真正成为终身体育的连接点。

一、传统文化在现代大学体育学习中的应用

（一）体育文化与学校体育

回顾过去的 100 多年，学校体育的发展在东西方日渐成为社会发展与文明演进的标志和动力。从古希腊、古罗马学校体育教育到现代学校的阳光体育，体育文化的发展和传承始终贯穿于学校体育发展的中轴线。学校体育教育中的足球、篮球、网球、太极拳、武术、体操、健身、健美等体育项目吸引着最普遍的爱好者。可以说学校体育是传统体育文化和现代体育文化发展的基础。

（二）我国学校体育中的传统体育文化

中国古代，孔子提出“六艺”中的“射”“御”成为学校教育的重要部分。传统体育项目中导引、气功、武术、太极拳等动静结合，修身养性的体育文化在我国学校教学中源远流长。目前，我国学校体育与西方体育运动相结合，实现了体育文化的空前推广和普及，在我国每年有 1 亿多学生达到国家体育锻炼标准，有 3 亿多人经常参加各种传统体育活动。学校体育为我国体育的重要组成部分，传统体育教学已经成为体育教学的重要组成部分，也是学生体育兴趣的重要表现形式。

二、建立具有传统文化底蕴的大学生体育兴趣培养模式

（一）体育欣赏能力是培养大学生体育兴趣的基础

一方面，体育运动能有效地增强体质，健全人体各种生理功能，把人体自身塑造得更加矫健、强壮；另一方面，随着体育的发展及其内容的不断丰富，人们对体育赋予了越来越多的文化内涵、精神阵地和艺术色彩，体育潜移默化地感染、熏陶着人们，体育竞赛观赏也成为向青少年实施审美教育的特殊途径和有效手段。因此，高校的体育教育除了注重锻炼学生的体质及体育技能外，还要注重培养学生对体育艺术的欣赏能力和审美情趣。

培养大学生的欣赏能力，首先要了解体育竞赛观赏的原则，体育运动中存在大量的美，要在体育竞赛观赏过程中加深理解，就要弄清体育运动中的真、善、美及其相互关系，把握其联系和区别，这样美的形象才会鲜明地展现在我们眼前。其次要让大学生掌握正确的体育竞赛观赏方法。由于体育运动中包含的因素异常丰富，为便于人们观赏多样的体育运动，加深对各竞技项目特点的理解，就有必要对整个运动形态加以分类，以助于揭示体育运动中美的一般规律，最大限度地发挥各项目对人体健美的效益，提高人们的观赏效果和审美情趣。国外学者分析了运动美的要素，主要包括实践性（灵敏性、速度、节奏）、空间性（幅度、高度、重量）、坚韧性（强度、激烈、顽强）、精致性（巧妙、准确、均衡）、愉悦性（华丽、热爱、惊险）、优雅性（柔和、流利、高尚）。让学生真正懂得正确欣赏体育竞赛的方法，从而激发学生对体育的兴趣。

另外，体育运动的一个巨大的魅力就是人类通过体育运动实现了超越自我的梦想。长跑运动员在最后冲刺时常常感到身体疲劳、肌肉酸痛、呼吸困难，需要一直努力克服困难；射击运动员在举枪瞄准和足球守门员扑点球时要靠意志努力提高注意力。有时运动员在场上受了伤仍坚持比赛到最后，即使他们没有获得名次，他们坚强的意志也成了体育运动宝贵的财富。因此，要积极增进大学生对体育精神的理解，只有这样他们才能真正感受到体育运动的灵魂，从而提高对体育的兴趣，甚至让不屈不挠、顽强拼搏的体育精神对他们终身产生重要的影响。

（二）制定因时制宜、因材施教的体育教学方法

当前大学生对体育运动的态度是十分积极的。这与大学生本身的特征以及当前的社会氛围有关，每当世界上或我国举办大型的体育活动时，无不在社会上掀起一股体育的热潮，大学生更不例外。因此，教师在对大学生进行课堂教学时，应把当前社会上较为流行的体育活动与教学内容较好地、适当地融合起来，使得教学内容为广大学生所乐意接受，从而大大提高教学质量。对于有不同爱好的学生，可对教学的侧重点进行调整，让其有发展自己兴趣的空间，使全体学生都能参与各自喜欢的体育运动，使原本不喜欢体育运动的人喜欢上体育运动，使原本喜欢体育运动的人更加贴近自己喜欢的体育运动。

（三）拓展体育教学方式，促进主动参与积极性

当今高校的体育教学不是一个封闭式的教育，体育运动是一个全社会都应该积极参与的活动，体育教学应面向全体学生，坚持让其在校期间接受体育教育，同时积极开展群体性体育活动，不断提高竞技性项目的水平。近年来体育运动发展迅速，高校体育教育应和体育运动的发展紧密结合起来，多开展一些能激起广大学生兴趣的体育活动，让他们都愿意投入其中。在娱乐中将体育运动的理念和一些体育知识在无形中灌输给他们，相信这更易于让学生所接受。比如，在上足球课时，老师单纯地向学生讲解足球技术战术方面的知识显得很空洞，可以组织学生去观赏一场近期的球赛录像，然后针对球赛具体加以分析。在平时老师也可以通过其他的方式参与到学生自己举办的活动中，如健身比赛、街头篮球对抗赛等，利用课外活动提高广大学生的体育兴趣。

（四）正确认识学校体育，实现终身体育目标

在利用当前的体育氛围提高学生体育兴趣的同时，也要注意当前体育运动中的一些不和谐的因素，要让学生正确地认识这些事情，明确这仅仅是寄生于竞技体育又腐蚀着竞技体育的负面文化，并不属于体育文化的范畴，不能因为它们的存在和恶劣影响就全盘否定了体育文化。要让学生认识到体育文化实质上是美好的、崇高的、纯洁的，体育文化要想健康地发展，就需要我们努力去克服这些缺点，树立正确的体育观。

学校体育作为大众体育的重要组成部分，积极探索适合我国传统的体育教学是学校体育改革的方向。另外，北京奥运会的成功举办，使各项体育运动的规模和影响在我国达到空前繁荣。大力开展传统体育教学正是掀起全民体育运动浪潮的重要途径。利用这一良好的体育氛围，积极培养学校学生实现终身体育，将是我国传统体育文化再现辉煌的必经之路。

第六节　传统体育文化对学校体育文化的影响

继承、弘扬与提高传统体育文化是我国各族人民共同创造的文化财富。在传统体育将一些传统的文化印记展现在人们面前的同时，它又在相当程度上填充和弥补着现代体育的不足，在更特殊的层面上满足着现代人教育、娱乐、健身的需求。

有选择地将一些传统体育文化引入学校体育文化之中，特别是引入边远贫困地区的学校体育文化之中，对促进学校体育的发展，推进学生德、智、体全面和谐发展，继承和弘扬各民族优秀传统文化，具有深远意义。

我国的传统体育是我国古代优秀文化的宝贵遗产，这不仅是由于我们中华民族有着五千多年的文明历史，而且也因为我国是一个由 56 个民族组成的多民族国家。我国传统体育内容极为丰富，风格各异，在传统体育项目中如武术、气功、太极拳等都属于传统体育

范畴，呈现出种类繁多、琳琅满目的景象。我国的传统体育项目包括了丰富的传统文化内涵，以强身健体、修身养性为主，以追求“健”和“寿”为目的，以“身心合一”“动静结合”为特点，并向表演性、技击性方向发展。它讲究“内外之合”，提倡“神形兼备”，尤其重视表现其“精、气、神”，着重在姿态的意趣里显示人格。

我国传统体育产生于民间，流传于民间。因此，几千年来，传统体育项目一直深受大众的喜爱，因而它具有广泛而深厚的群众基础。我国传统体育文化内容丰富、形式多样，可以强身健体和身心兼练，其项目又大多不受学生年龄、性别、体质及场地、器械、时间、环境和气候等客观条件的限制，且易于在高校中普及和推广，为壮大高校体育队伍奠定基础。同时，由于大多数竞技学校运动项目已经发展到了耗资巨大、近乎杂技化的极高水平，因此传统体育的强身健体、防身自卫、修身养性和自娱娱人的独特功能是其他体育项目所不能替代的，传统体育的价值和优势也是其他体育项目无法替代的。

一、学校体育文化

学校体育文化相对于体育文化来说是一种亚文化，也是近年来跃入人们视野的热点文化。学校体育文化作为现代教育和现代体育两大文化体系的交汇点，既是体育文化的重要组成部分，也是校园文化的重要内容和形式。它是学校在长期的教育实践中逐步形成的文化现象，是一种文化的历史积淀。学校体育文化开展的好坏直接影响着校园文化的开展，它对学校的校风、学风都起着重大的推进作用，能综合地反映一所学校体育建设和发展的方方面面。因此，加强对校园体育文化的研究，加强学校体育文化建设已经成为教育本身的迫切要求。学校体育文化是指校园文化中与体育文化直接或间接关系的校园文化的一部分。学校体育文化是影响校园内群体参与、关注体育的一种导向性文化。它形成的动因，主要来自校园内学校体育开展的状况，学校体育发展的硬件建设、体育竞赛的水平、参与竞赛的人数、参加者的积极程度等。学校体育文化是学校自身群体向心力与凝聚力的体现，是校园内群体对体育价值认同、价值取向的态度。

对于学校体育文化来讲，学校体育文化形态表层的是校园内的体育物质形态，如场馆的有无、场馆的建设质量、器材设备的多少等；中间层面的是校园内的体制状况、管理的表现形式、制度的建设情况等；深层的是存在于校园内所有群体的体育意识。其中，在学校体育文化形成，物质文化、制度文化起到一定作用的同时，起主要作用的是深层的观念、形态和意识，即管理者自身体育意识、教育教学过程中的引导、学生群体本身对体育喜好程度等。

（一）学校体育文化概述

高校要培养社会主义一代新人而优化育人环境。文化社会学的研究为我们认识高校的校园提供了新的角度，即校园不仅是一个教育环境，而且是一个文化环境。研究校园文化能够使我们对影响人的全面发展和文化环境有科学的认识，从而为优化育人环境创造条件，因此有必要从文化的角度把高校作为一个文化环境来加以研究。

大学校园是一个教育环境，从地域上来说是相对独立的教育社区。同时它又是一个文化环境，生活在这个环境中的大学生具有区别于其他群体的、特别的、共同的价值体系，思维方式，群体心理以及思想观念。校园文化是整个社会文化的一部分，是一种具有引导性的亚文化，一种特殊的社区文化、一种精神文化。从构成上看，它是以物质条件为基础的载体文化和以人文为中心的人和社会精神文化的统一。

学校体育文化是指在高校这一特定的范围内，以学生为主体，以教师为主导。在各种体育活动中相互作用创造出的体育精神财富与物质财富的总和，包括体育活动能力、体育观念、体育精神，以及高校校园的体育设施、体育活动、体育竞赛、体育表演等表象内容，着重体现了高校群体的体育价值观、体育精神等多方面素质。

广义的校园文化是指高等学校生活的存在方式的总和。它以生活在校园内的大学生、教师和干部为主要群体，以区别于其他社会群体。它是物质财富、精神产品和氛围，以及活动方式上反映人们在生活方式、价值取向、思维方式和行为规范上有别于其他社会群体的一种团体意识、精神氛围。它是维系学校团体的一种精神力量，即凝聚力和向心力。

（二）学校体育文化的特征

作为一种文化现象的学校体育文化，它的形成和发展是与整个高校校园文化和国家教育事业的发展息息相关的。学校体育文化是特定的社会人文环境和社会文化背景下的产物，一方面它受一定社会经济基础和上层建筑的影响和制约，反映一定历史时期社会文化进步与发展的客观要求，并且为一定社会的政治、经济文化服务；另一方面，它也遵循学校的教学要求，体现自身的发展规律和特点，与其他社会文化相比较，既有共性、又有鲜明的个性。所以，中国高校校园体育文化体现出以下几个特征：

1. 传承性

我国学校体育文化的传承性，无论从它的内容和它所涵盖的思想上都体现了时代的鲜明特征，从清末西方体育文化的涌入，到中国近代教育文化以及马克思主义文化的交融，甚至从改革开放以来的当代体育文化的方方面面，都可以看到学校体育文化的传承痕迹，就校园发展的大环境而言，中国传统体育文化仍是强大的内源因素。

2. 民族性

我国传统体育具有丰富多彩的形式和内容，如汉族的武术，蒙古族的摔跤、射箭，朝鲜族的荡秋千、跳板，回族的扔石锁、拔河，苗族的赛龙舟等，几乎所有的民族都有自己的传统体育项目。随着学校体育工作的逐步深入，传统体育项目在各自特殊的地域和受众人群基础上，高校体育文化得到广泛的传播和发展。体育文化的传播并不是强调体育教学模式的一致性，而是强调保持和发扬传统体育的同时，把具有特色和代表意义的体育项目作为传播体育文化的核心内容，多层面、多角度地构筑传播传统体育文化的平台。

3. 导向性

在西方发达资本主义国家，学校体育文化强调健康与进取的同时更注重个性与竞争意识的培养。20 世纪 90 年代以来，随着我国改革开放的逐步深入，东西方体育文化的广泛交流，给学校体育文化提供了较大的发展空间。高校体育文化通过多种形式，充分体现“健康第一”“快乐体育”的主旨，其思想在顺应素质教育的大背景下成为学校体育文化的指针。

4. 多元性

现代大学招生规模一般不是几百人或上千人，而往往是少则几千人，多则上万或数万人。大学里学科专业众多，活动多样，文化载体也多样，因而这里的体育文化具有必然的多元性。大学学校体育文化的多元性，是实现大学生价值的客观要求，是大学本身赋予人以灵性与自由的景观，也是大学校园文化成熟的一个标志。一般来说，大学校园文化的多元性特征越鲜明，那么这种文化也就越成熟，它带给众多教师和学生的灵性和智慧也就越多。

（三）学校体育文化的功能

1. 健身健心功能

健康是人生发展的基本要素，一切的成就、一切的财富，以及人生的一切，都始于健康的身体和健康的心理。世界卫生组织（WHO）关于健康的概念，即躯体健康、心理健康、社会适应良好、道德健康才是完全健康的人。健身健心功能是学校体育文化第一重要功能，这种功能的显现是通过身心的交互作用体现的。一方面，由它所构成的体育锻炼过程，给予人体各器官系统一定强度的刺激，使机体在形态结构、生理机能等方面发生一系列适应性反应，从而对机体产生积极的影响，有效地促进人们的身体健康；另一方面，许多学生选择体育活动方式，并作为娱乐消遣的生活方式之一固定下来，让身体的生物学改造（即器官的运动和锻炼）和心理的调适在健康的方式中实现。

2. 教育导向功能

良好的校园文化，可以形成健康的教风、学风、校风。“风以化人”就是指校园文化对人的熏陶影响和潜移默化的持久稳定性。学校体育文化不仅对当代大学生起到身心俱健的功能，而且有利于大学生意志的磨练和人格的塑造，对于自我意识强烈的当代青年，正可以起到环境育人的效果。学校体育文化作为社会文化的亚文化，建立起学生与社会的桥梁，使受教育者能在这种模拟的文化氛围中摸索，以提高自身社会意识与社会情感，促进个体社会化，促进人际交往，培养社会活动能力，期望在步入社会后能适应社会的需要，得到社会的认可，推动社会的进步。

3. 娱乐调节功能

娱乐与健康是新世纪学校体育的走向。学校体育文化通过娱乐的形式表现出来，可以活跃教师和学生的生活，调节紧张、单调的生活节奏，增添生活的情趣。娱乐的同时提高人们的艺术欣赏能力，提高人的文化素质，娱乐性是大学校园体育文化教育功能的延伸。

4. 激励凝聚功能

学校体育文化的核心是校园精神，生活在学校体育文化氛围中的大学生对学校的优良传统和光荣历史会产生荣誉感和责任感。同时这种精神又是一种黏合剂，激励大学生产生一种内在向心力和凝聚力及对学校的认同感和归属感。

5. 美育陶冶功能

体育以身体活动为特殊手段，通过动作展示具体形象，身体美与运动美、自然美与艺术美的有机结合，能给人以美的享受。在多姿多彩的高校体育文化活动中，传统体育项目中的太极拳、太极剑、舞龙等，都可以使大学生得到美的感染和陶冶，获得体育美的情感体验，从而培养学生健康的审美意识，提高学生鉴赏美、创造美和表现美的能力。

二、传统体育文化在学校体育文化建设中面临的任务

（一）传统体育为学校体育文化提供丰富的内容

高校是优秀文化的主要传播地，学生思维活跃，接受新事物能力强，又非常热衷于体育活动。传统体育文化的推广和普及就要重视在高校中培养自己的新生力量，使他们成为自己的宣传车和播种机，把优秀的传统文化带到社会和学校各个角落广为传播。由于在校大学生兴趣广泛，可行性强，不拘泥于一种运动项目，所以在高校开设传统体育课程是推广和普及的又一有效途径。

在高校贯彻传统体育教育，使学生了解传统体育的内容、时代背景以及所表现的各种情感，可转变学生思想观念，增进对传统体育的认识和了解。在学生的学习生活中，教师要指导学生认真分析研究，找出传统体育中最有代表性的体育词汇，如“赛龙舟”“射箭”“摔跤”等，既能培养学生的纯洁心灵与高尚情操，又能实现“教书育人”的目的，由此进一步认识传统体育文化的深厚底蕴。这是向学生传播传统体育的一条重要途径，是传统体育保护和传承的重要形式，也是帮助和指导学生提高鉴赏能力的一种教育手段。

当前学校体育文化的发展已受到明显的关注，发展高校体育文化，增强学校素质，培养民族精神，增强民族向心力，是传统体育的价值回归。因此，发展传统体育，体现其自身的价值，是使中国学校体育文化达到更高层次的有力措施。

在现代化建设中，人们的物质文化生活极大丰富，人们对健康的要求也越来越高，并成为大学生体育发展的原动力。传统体育大多不受学生年龄、性别、体质和场地、器械、时间、环境和气候等客观条件的限制，又易于在高校校园中普及和推广，为壮大高校体育队伍奠定基础，为高校的稳定与和谐提供保障。

（二）传统体育文化将成为学校体育文化中的重要内容

素质教育要求我们改变过去那种单一培养运动员的模式，使学生知识结构由“深井型”改为“厚基础”“宽口径”的金字塔形。21 世纪需要全能型人才，但一定是有特长、有特色的全能型人才。

目前各体育高校传统体育专业的人才培养目标是培养一专多能的人才。“一专”指以掌握武术知识、技能为主，“多能”指同时掌握传统体育、民间民俗体育方面的知识、技能。随着社会的发展和进步，如每四年一届的全国少数民族传统体育运动会和全国农民运动会，以及一年一届的全国体育大会的举行，有些中小学甚至高等院校也开设了除武术之外的传统体育项目，如摔跤、舞龙舞狮、抖空竹、木球等，特别是一些民间体育项目的表演，往往使人有耳目一新的感觉，这些需要传统体育人才对各个项目进行开发和研究。在校园文化建设中，传统体育文化占有相当重要的地位。一些舞蹈、体育项目最容易被学生接受，并希望从事这项运动，尤其是武术项目，除了表现精、气、神外，贯穿在武术项目中的武德培养，引导人们尚武崇德，彰显了中国传统文化的精髓。

高校在开设传统体育项目时，根据当地的地理位置和民间习俗等相关因素，积极发展特色传统体育项目，如南方民间盛行舞龙舞狮、赛龙舟，北方流行踢毽子、放风筝等。

学生是各行各业中最集中、接受新鲜事物能力最强、思想最为活跃、观念最易更新的群体，因此学校是传承体育文化的最佳载体和场所。而传统体育课程的建设对学校体育文化软实力的影响也是全方位的，各式各样的传统体育项目已深深地扎根在人民心中。因而传统体育项目作为一种为高校注入新鲜活力的体育运动，对于加快高校体育文化软实力建设具有重要的作用。

三、传统体育文化有助于强化学校体育物质文化建设

（一）学校体育的物质文化是精神文化的载体

学校体育物质文化建设是学校体育文化建设的基础和物质保障，主要包括体育场馆设施、体育器材、体育建筑、体育雕塑等与体育有关的物质实体，这些称为学校体育文化的硬件。它们是人本质力量的外化结果，它们也是意识文化的载体，凝聚展示了人类的知识、思想和智慧，体现着人们的情操、意志、价值观念等多种学校文化特质，这些特质将渲染人们的思想，对人起到一种潜移默化的陶冶作用。硬件建设应与“软件”建设相协调，因为“硬件”建设是“软件”建设的基础，“软件”建设是“硬件”建设的条件，所以学校体育文化软实力建设一定要坚持“两手抓，两手都要硬”的方针。

（二）学校体育物质文化是开展传统体育的依托

传统体育课程的开设，需要具备一定的场地和专门器材，体育物质文化是学校开展传

统体育的一种依托，学校应该努力加强物质文明的建设，满足学生日益增长的体育需要，这就要求学校领导在该方面加大经费投入，关心和重视学校的物质文化建设。

四、传统体育课程开设有助于完善学校体育制度文化建设

(一) 学校体育制度文化建设是联系精神与物质文化的中间层面

完善强有力的学校体育管理体制和健全规范的体育规章制度是学校体育文化建立和健康发展的有力保证，是学校体育文化管理规范化、科学化的关键，是一切学校体育文化活动的准则。学校体育制度文化建设是联系精神与物质文化的中间层面，它是以科学的、规范化的管理模式约束人的体育行为的一种有效手段，它既是学校体育的制约因素，也是体育意识和体育行为的规范准则，是体育文化活动得以正确、健康发展的保障。

(二) 形成规则意识、合作意识

现代社会是一个法治社会，是一个科技信息社会。人与人之间的一切活动都是在一定的规则下进行的，都是在人与人的交往合作下进行的，没有什么事情是凭着性子随随便便就可以完成的。单凭某个人的力量是不足以改造世界的，人与人之间必须进行合作，依靠集体的力量来完成对自然界、对社会的改造。现代社会需要团结和协作精神。校园体育文化建设中特别是在集体项目的竞赛过程中，要想取得胜利，既要有力争胜利的顽强拼搏精神，也需要懂得与同伴和队友的团结协作，遵循一定的规则才能达到目的。有良好社会技能的学生能建立与教师、与同学之间的友谊，能够很好地与他们合作，能形成对所有人的普遍关心。

在学校体育的教学中，可以安排小组形式的学习活动，鼓励合作，让学生在小组中发展同伴互助协作的关系，帮助学生去接受和赏识个体差异，要求学生加入社团活动中去，并使学生了解规则、接受规则、懂得无视规则的后果。

(三) 传统体育文化细化了体育制度文化

对于传统体育项目的比赛，要保持传统的味道，通过制定详细的比赛规则，保持中国传统体育的精髓。放风筝是人们再熟悉不过的一种娱乐方式，为了保持风筝传统的具有欣赏性的特点，风筝运动将风筝的手工制作列进了比赛规则。在舞龙舞狮比赛规则中，对于运动员使用的器材有严格的标准，有了这些规则才能使得舞龙舞狮在2000多年的发展过程中没有面目全非，仍然保持着与生俱来的滋味。秧歌的形式多种多样，为了研究出其最精髓的步伐，全国多名专家深入到陕西、东北、山东等地进行实地考察，编出最具有中国特色的秧歌步伐和动作，作为比赛时的规定动作，运动员必须将其完成好。

五、传统体育文化有助于丰富学校体育精神文化建设

学校体育精神文化集中反映了大学生体育精神、道德观念。在学校体育教育中，开展传统体育活动可以激发学生的爱国热情和民族自豪感。积极传播、弘扬、继承传统体育所具有的拼搏、竞争、追求、向上的精神，并把其作为强有力的手段与形式来培养大学生的现代竞争、拼搏意识，全面提高我国现代化建设所需的各种人才的素质，这是社会发展、教育改革和通才教育的需要，对培养大学生符合时代发展要求的现代化社会的健全人格，保证民族的长远发展有着独到的作用。

（一）提高情趣

体育运动是由人所显现的美的沃土、美的享受，尤其在传统体育运动中蕴藏着大量的美的因素，蕴含了许多人类社会共同追求的东西，可提高情趣，培养心智。引导大学生树立正确的审美观和提高情趣，就要以体育文化素质教育作为切入点，努力提高大学校园文化的品位。

（二）培养道德观念

传统体育的内容形式丰富多样，可以吸引大学生积极参与，各种运动项目的特点和要求不同，可以较为全面地实现对大学生的思想教育，可以培养大学生的集体主义责任感、归属感，还能促进其形成较强的纪律性和组织性。随着传统体育项目在学校的逐渐推广，传统体育在丰富学校体育精神文化生活、推动民族团结、促进社会主义精神文明建设方面发挥着重要作用。学校传统体育课程的开设对提高大学生思想品质有很大作用。这种思想品质主要是指当代大学生应具有的健康积极的人生观和价值观、法规意识及中华民族传统美德。传统体育一向强调内外兼修并蓄，主张调和统一，蕴含着丰富的哲理。在思想上有利于引导学生运用辩证思维建立科学的人生观和价值观。同时受传统文化的影响，中国传统体育反映了各种传统文化思想，含义之深奥、宽广难以估量，至今仍有强大作用力，让人们在不经意中依照规则游戏、在游戏中互动，逐渐在体育运动中融合，最终晓礼仪、明道德。譬如，我国各类武术尤其是传统武术经过了几千年演化，具有不同的特点、风格，形成各种流派。通过教学训练，加深大学生对武术民族性的认识和理解，往往会极大地激发学生的学习兴趣，激发出强烈的民族气节和爱国主义热情。传统体育中蕴含的这些有利于国家发展兴旺的内容，对大学生的体育、德育教育具有潜移默化的良好影响。

高度重视体育精神文化的作用，必然会超越体育的实际行为，影响到学生的内在情趣与道德，上升为精神力量，它不仅成为提升体育品质的推动力，更会贯通于体育之外，与学校的德育、美育以及智育相互渗透融合，相辅相成，取得高质量的教育效果。如坚强意志的形成、集体主义的发扬、创新精神的养成、艺术情操的陶冶等，都会通过体育文化获得。

六、建设

（一）组织以人为本的学校传统体育文化艺术节

传统体育文化节这种新型学校体育文化组织形式，通过引入传统体育项目，使内容更丰富，形式更加多样，旨在继承文化遗产，提高师生对体育文化的认识、兴趣和参与的积极性，拓展师生体育知识，既培养学生的创新精神，又可以发掘民间传统体育游戏，进一步充实体育课堂内容。传统体育活动本身有着悠久的历史和丰厚的文化意蕴，目前很多地区开展的体育竞赛项目，由于它本身具有表演性、娱乐性、竞技性、审美性、健身性、教育性等功能而深受各民族人民喜爱。通过组织开展传统体育文化节，培养学生对传统体育运动的兴趣，吸引广大学生参与到该活动中来，是在学校开展传统体育的基础。

另外，传统体育文化艺术节涉及不同地域体育项目的参与、知识技能的学习、各地民族风情的交流、创新、身体健康体验和民族意识强化等诸方面内容，促进了普通学校传统体育课程教学指导纲要的落实，有利于素质教育目标的实现。

（二）因地制宜，开展特色体育项目

因地制宜，发挥学校各自优势，突出当地传统体育文化的特色。中国是一个多民族的国家，也是一个地域差异很大的国家，各个地区的传统文化也是丰富多彩的。大学是五湖四海学生的聚合地，这是学校发展传统体育教育的天然优势，各个民族的学生带来不同的体育活动，在促进体育活动朝着多样化的方向发展的同时，又可以加强各个民族、地域之间的文化交流。此外，各学校还应该发挥自己的独特优势，积极地挖掘和利用本校的现有资源，因地制宜地开展形式多样、内容丰富的体育文化教育和体育竞赛，促进学校体育文化的发展。

学校体育教学中开设传统体育课，其主要内容是根据学生兴趣、爱好及当地的民情风俗，有针对性地选择一些项目。例如：太极系列有简化太极拳、太极剑、太极推手等；木兰系列有：木兰拳、木兰剑、木兰扇、木兰双圈等；另外还有：八段锦、五禽戏、舞龙、秧歌、跳绳、拔河、放风筝、赛龙舟、打花棍、投绣球、跳竹竿等。学校可结合自身的实际情况，如教师情况、周边环境，开设传统体育项目，形成自身体系。

（三）坚持改革，勇于创新

在我国的体育事业发展中，中华民族的许多文化珍品，在继承和发展传统体育的过程中，必须摒弃原始的封建尘埃，去芜存真，对一些项目有所创新，适应新时代的发展。把传统体育项目的传授与大学生社会实践活动有机结合起来，提高竞争性与观赏性，在活动形式、内容，竞赛制度、竞赛规则、竞赛方法等方面进行改革创新，加强传统体育与世界文化交流，形成有自己特色的项目向世界推广。

第六章　传统体育文化传承方式与途径

传承是传统体育的一种传递方式。作为一个国家物质与精神的纽带，传统体育在长期的社会历史发展中被人们自觉地加以继承。原始体育活动在演变的过程中，在保留活动方式的同时，也借鉴和吸收了其他的活动内容，逐渐发展成为今天的传统体育项目，使传统体育文化得以保留。这种传承既保存了许多传统的东西，又加入了不少现代成分。一个国家的传统体育一经形成，就会具有一定的稳定性和延续性，这种传承性对维系一个国家的凝聚力和趋同意识具有很大的效应。

第一节　传统体育文化的传承

一、传统体育文化的传承性

“文化传承”一词在学术界出现已久，从19世纪中叶起，就有学者对文化传承问题进行过研究。但是，很少有人论及文化传承的内涵和本质，也未对其进行准确的概念界定。不过，对于汉语来说，“传承”不是古语，而是新词。在古代汉语中，“传”和“承”分离，并没有形成一个固定的语词。传授是指把学问、技艺教人；继承泛指把前人的作风、文化、知识等接受过来。有学者认为，传承从某种层面来说可以是民俗文化的基本特征，但是文化传承的现象却又远远超出了民俗学的范畴，从这个角度来看，传承又是传统文化的根本性特征。所以，传承又是人类学、民族学、考古学、社会学、文化学等学科研究中的重要概念。对“传承”概念的认识，应当站在更为宏观的角度来研究、拓宽，从而加深人们对其的理解。

文化传承，是文化在民族共同体内的社会成员中作接力棒似的纵向交接的过程。这个过程由于受生存环境和文化背景的制约而具有了很大的强制性和规范化的模式化要求，从而逐渐形成了文化的传承机制，使得传统文化在历史长河的发展中更加具有稳定性、完整性、延续性等特征。换句话说，文化传承不仅是文化具有民族性的基本机制，同时也是文化维系民族共同体的内在动因。社会成员正是通过习得和传承共同的传统文化而结成为一个稳定的人们共同体。

人类的存在和发展靠的是文化传承。文化是人创造的，同时人又是文化的结果，人在继承前人创造的文化的同时也不断创造新的文化，新的文化又丰富了人类的文化成果。从一个民族人们共同体的生存和发展来说，文化传承是一种文化的再生产，是社会中权利和义务的传递，是民族意识的深层次积累。人不仅具有生物学意义，更具有社会学意义。从一定程度上来说，人类的生存和发展如果仅仅依赖纯粹知识的复制和创造那是远远不够的，还必须要进行道德、人格、情操和审美等文化精神的传承。比如武术这种文化的传承，就不能仅仅强调招法、套路、功法等技术层面内容的延续，更为重要的是其内涵的正义观、价值观、信义感、责任感等文化精神的承继。

传统体育文化传承性是指其在时间上传衍的连续性，即历史的纵向延续性。传承性是传统体育的一种传递方式。文化是由传递而普遍遗留下去的，并且渐次连接于语言媒介的团体传说中，因此在团体中文化是一种累积的东西。对于单独的个人来说，文化是一种和同伴交互影响后所获得或学习的思想行动的习惯，所以从某种立场来看，文化是包括人的控制自然界和自己获得的能力。它不仅包括物质文明，如工具、武器、衣服、房屋、机器及工业制度的全体，同时还包括非物质的或精神文明，如语言、文学、艺术、仪式、道德、法律和政治的全体。

传统体育文化作为一个国家物质与精神文化的纽带，保存了许多传统文化中的精粹，从根本上符合精神文化的内在需求，这也是传统文化得以发展延续的内在规律。

二、传统体育文化传承的必要性

传统体育文化具有自己的特色，是我国传统文化的重要组成部分。它博大精深、丰富多彩，对于弘扬传统文化、推进社会和谐建设具有重要的意义。

近年来，随着经济的发展、现代化和全球化浪潮的影响，传统体育的传播和发展受到了一定的冲击。先进的科学技术、多彩的外来文化和巨大的经济利益已使得人们无暇顾及传统文化的发展，传统体育文化资源流失状况严重，许多传统体育项目正面临消亡的危险，许多传承了上千年的传统体育文化正经受着严峻的考验。如何更好地传承传统体育文化，维系其可持续发展，是迫切需要解决的问题。

（一）传统体育文化发展和传承的需要

一个国家的传统体育就如一个国家的名片，重要而独特，通过传统体育结合传统文化向国际范围传播，能最终影响国家形象、文化、思想、价值观、经济等。

我国传统体育具有悠久的历史，它从不同的角度和侧面反映了社会、历史、政治、文化、风俗及心理等。它是传统文化的一个重要组成部分，也是中华民族灿烂文化中的一块瑰宝。在长期的历史发展中，许多传统体育项目经过再加工和艺术创作，仍活跃于民间和有组织的各种赛事、庆祝活动之中，对传统文化的传承和发展起着推动作用。

（二）保护非物质文化遗产的需要

近年来，传统文化的保护工作已经引起了国家的高度重视，我国相继出台了一系列措施对非物质文化遗产进行保护，许多传统文化和传统技艺相继被列入了国家非物质文化遗产保护名录。传统文化的保护虽然取得了一定的成绩，但仍然面临着许多问题。比如相关的法规规章建设还相对滞后，传统文化保护机制还不完善，许多人对传统文化的了解和认识也不够深入。特别是随着时代的变迁和历史的发展，我国传统文化面临着外来文化的不断冲击，同化速度逐渐加快，许多传统文化赖以生存的文化生态环境急剧改变，其生存和发展已举步维艰。作为传统文化一部分的传统体育文化，资源流失状况也很严重，许多传统体育项目正面临消失的危险。而传统体育文化反映了一个国家的历史和文化，一旦失传，将无法弥补。所以，进行传统体育文化的传承是势在必行的。

三、传统体育文化传承的意义

进入 21 世纪以来，世界经济发展呈现出经济发展的全球化、市场运作的自由化、信息传播的数字化三大趋势，这给我国传统体育的发展提供了机遇，同时也带来了挑战。正是在这种内外环境的交互作用下，迫使我们在规划民间体育的发展，特别是传统体育的发展，必须给予恰如其分的文化定位。

我国传统体育文化可以说是一种非常复杂的文化现象，它在民间呈现为三种不同的形态：第一种形态为传统体育系统，这种形态主要包含气功、太极、武术、导引、狮龙舞、龙舟竞渡等内容；第二形态为现代竞技体育系统，这种形态主要是指以奥林匹克运动为核心的多种体育内容；第三种形态是指以教育为目标的促进学生身心健康发展的学校体育体系。这三种形态目前都以“大众”的群体面貌出现在社会发展的各个方面，以多种形式影响着城市体育文化的格局和品位。

与现代竞技运动相比，传统体育虽与之有不同的文化内涵，而且在现代竞技体育传入中国的漫长岁月里与其也有过不同程度的文化冲突，但经过长期的融合和交流，它们之间不仅逐渐有着高度协调统一的人文学科内涵及其外延，同时还深刻地体现着中华民族传统体育文化的宽容性特征。21 世纪的今天，传统体育已成为现代体育格局中的一个重要组成部分，这主要表现为两方面：一方面它正伴随着我国社会主义文化的发展步伐作为一种精神渗透于社会的各种领域之中；另一方面它使中国的传统体育更以其独具魅力的价值为完善中国人民的美好生活和文化的可持续发展做出更大的贡献。

第二节　传统体育文化传承的方式

传统体育文化的传承方式和途径有很多，归纳起来讲，主要分为物质的方式、精神的方式和行为的方式等。其传承的方式可以归纳为以下几个不同的层面：生活方式的传承、节庆习俗的传承、语言与文学艺术的传承，等等。

一、生活方式

生活方式是指传统体育活动与日常生活相关的内容和方面。按其形式的不同，生活方式可分为物质生活方式与精神生活方式两种。其主要内容包括各种不同风俗习惯在内的传统体育活动形式，并且具体表现在人们的生产、生活活动以及与此有着密切关系的行为模式当中。

那些充分反映传统体育活动的生活方式是人们长期以来自然形成的并具有较大稳定性、得到人们共同遵守的一种生活文化习性，它通过代代相传的方式被传承和发展下来，并一直传递下去，蕴含着较为丰富的文化内涵，同时也负载着许多独特的文化观念。这种生活方式是物质文化与精神文化的综合体现，具有较大的稳定性，但也会随着社会的不断发展而发生改变，并带来体育文化传统的一些变化。而传统生活方式的改变反过来又引起了传统体育文化的某些变化。生活方式是文化得以传承的重要途径之一，每一种生活习惯背后，事实上都潜藏着作为特定文化表达的一种稳定的心理结构模式。

二、节庆习俗

节庆是指在固定的时间，以特定节日为主题举行的传统体育活动，约定俗成、世代相传的一种文化活动。节庆习俗是一种传统庆典活动，它作为一种文化传递的方式起着重要的作用。通过查阅相关文献及调查古今中外的节庆活动，我们不难发现，从类型上看，节庆习俗主要可分为几种不同的类型：第一，原始崇拜类；第二，农事集贸类；第三，情爱交友类；第四，娱乐狂欢类。除此之外，我们还发现节庆活动中的传统体育文化功能是相当奇特的。用一句话来说，它是祈生与御死、缅怀与渴求、欢乐与痛苦的综合体现，有着独特的、丰厚的文化内涵。丰富多彩的节庆活动都构成了一种寓意深刻的传统体育文化表达方式。节庆活动是把具有特色的传统体育文化通过一种形象、直观、一目了然的方式表现出来，使古老的传统体育文化得以显现，从而使人们对古老的传统体育文化有更深层次的了解。由此可以说，节庆活动是长期以来形成的传统体育文化内容的一个活的缩影。

节庆活动是传统体育文化中不可缺少的重要内容，它对传统体育文化的传承起着一种特殊的作用。从节庆活动中体现出古老而丰厚的体育文化传统，折射出社会历史和体育文化变迁的轨迹。

三、语言与文学艺术

语言是思维的载体，从文化人类学角度来看，语言是一种文化符号，与传统体育文化具有十分密切的关系。语言不仅影响着人们的思维方式，也影响着一个国家的传统体育文化建构。不同的学者从不同的角度论述语言与文化之间的关系，如列维·斯特劳斯站在结构主义人类学的宏观角度，对语言与文化的深层关系进行了认识与研究，通过大量的活材料进行研究，把人类的语言现象和文化现象紧密地联系起来，从而开创了结构主义语言学研究的先河。虽然直到现在语言与文化的关系仍然存在异议，但有一点是值得肯定的，那就是当人类还处在有语言而无文字的时候，语言对传统体育文化的传承的重要性是显而易见的。

从本质上说，文学艺术是属于人类精神文化的范畴，其发生贯穿于人类全部文明史的整个发展过程，并且表现出它独具特色的方式和特点。文学艺术对传统体育文化的传承作用也不容忽视。文学艺术这种独立的精神文化体系之所以被人类在物质生产方式之外又创造出来，正是由于文学艺术除了满足人类的精神生活的需要以外，还具有文化传承的作用。人类的文化传承不仅是物质的传承，同时也是精神的传承。原始文学艺术的作用体现在：其不仅仅将原始人的文化观念通过一种威严、肃穆和神秘的方式表现出来，同时还将它转化为一种内在的精神力量从而对他们自身的精神世界进行影响，并传递着他们特有的传统体育文化信息。直至今天，文学艺术对文化的传承功能依然存在，同时随着社会的进步和时代的发展，还衍生出引导和重塑的作用。

第三节　传统体育文化传承的途径

我国传统体育文化的传承途径因其运动形式、技术技能的繁简、所处的区域及场所的不同有很大的区别。

一、教育传承

传统体育文化传承的一个重要途径是教育，教育是人类文化发生发展的一种生命机制，同时，文化传统是人们无法拒绝的历史传承，因此，教育要取得好的效果必须立足传统、传承传统文化。

任何一种文化现象都必须借助于教育而产生并凭借教育机制来进行传承与整合，传统体育文化也不例外。教育是传递社会生活经验并培养人的社会活动，也就是说传递社会文化是教育最基本的功能，而且是通过培养人的活动来实现的。所以，教育是可以通过培养具有传统体育文化传承意识和素质的人才来实现传统体育文化的传承。

原始社会由于没有专门的教育机构和专职教师，教育是自然形成的。其手段主要依靠言传身教，大量进行身体模仿练习，反复进行各种蕴含着体育萌芽的游戏。这在目前许多传统体育项目中均留下了深深的痕迹。现代传统教育虽不再以这样的形式为主，但传统体育的这一功能性并未减弱。可以说，传统体育和教育是相辅相成的，传统体育不仅从属于教育、反映着教育，同时还依赖于教育进行变更。教育对传统体育的传承又分为家庭教育、学校教育和社会教育等几个传承途径。

（一）家庭教育传承

家庭教育通常是指父母对子女自觉或非自觉、经验的或意识的、有形的或无形的教育行为。在任何一种文化中，家庭是对新生一代进行各种训导和教育、完成文化传承的重要场所，是新生一代快乐成长的摇篮。在家庭中，父母是老师、是榜样，他们以各种方式来教育下一代。这些方式不管是正式的、仪式性的，还是非正式的、随意的，都是情感式关怀和抚爱。总之，家庭中父母会以各种方式完成自己教育子女的使命，使新生一代能够顺利地实现自己的社会化，成为生活中的强者。家庭教育作为教育传承的一个组成部分，是传统体育文化的重要传承机制。究其原因，可从以下四个方面进行探讨：

第一，家庭教育是在新生一代的整个教育大厦中的第一块基石。孩子在家庭中接受最初的教育和影响，从某种程度上来说，家庭是传统文化传承的前沿阵地，家庭教育也就自然而然地成为传统文化传承的起点。在这一阶段，传统文化能否得到有效传播，将关系着传统文化的传承程度的深浅。

第二，通过家庭教育传承传统文化是我国每个家庭应当履行的义务。继承、发展祖国的优秀传统文化是我国教育的首要、根本的任务。《教育法》第一章总则第七条明确规定：教育应当继承和弘扬中华民族优秀的历史文化传统，吸收人类文明发展的一切优秀文化成果。众所周知，文化是通过教育传播到社会群体和个体中去的，家庭教育作为教育的重要载体，不管是站在遵循法律的角度，还是站在孩子全面发展的角度来看，我们都要传承传统文化、弘扬传统文化。

第三，家庭教育传承传统文化是由其自身独特的优势决定的。家庭对人的行为习惯的影响是举足轻重的，家庭教育能将传统文化寓于日常生活中，只有家庭里具有某种传统文化氛围，其氛围支持年轻一代的成员进行体育活动，这项活动的传承才可能得以顺利实施。在这种自然状态下进行教育，对孩子人格品行的塑造、处世态度的养成及道德情操的培养将起到学校教育和社会教育无可替代的作用。除此之外，家庭教育还是一种终身教育，那是因为家庭生活伴随人们的一生，人们在生活中每时每刻都在接受家庭教育的影响。

第四，家庭教育的历史性。家庭教育历史悠久，几乎可以说自从有了家庭，便有了家庭教育。关于家庭教育的典故如数家珍，如“孟母三迁”“岳母刺字”等。传统家庭教育重视德育、启蒙教育，重视环境作用。家长可以借鉴传统家庭教育的经验教训以促进当代家庭教育的有效进行。

家庭中的长者是文化传承的主要承担者，他们总是以自己对于传统文化的理解以及自己的生活经历而积淀形成的人格素质，在有意识和无意识之中，通过言传身教而逐渐地陶冶和培育起晚辈们对传统文化的初步认知和对人们共同心理特征的趋同。

总而言之，家庭是体育文化赖以生存的土壤，是得以传承的坚强支撑，而家庭中的长者则是这一切的组织者和实施者。

（二）学校教育传承

在现代社会中，传统体育文化的传承应定位于学校教育，因为学校教育是文化传承与传播的重要渠道。与家庭教育和社会教育相比，学校教育可以让受教者获得系统的理论知识体系的学习，更好地进行有目标、有意识的系统化、科学化的学习。

学校教育的目的不单单是培养传统体育的参与者，更为重要的目的是培养传统体育文化的传承者。传统体育文化的传承方式有参与式传承与专业化传承两种，参与式传承是指积极参与并热心支持传统体育文化；专业化传承则是指具有系统知识结构并以研究传统体育文化为主要职责。传统体育文化被学校教育纳入相应的课程学习中，不仅能让传统体育的文化内涵传承更加系统，而且还能强化个体的民族情感和对传统文化的热爱，从而以科学规范的形式将传统体育文化传承和发展下去。

传统体育在学校教育中的传承途径，具体说来可分为校园文化建设和体育课程设置及竞技项目训练两个方面。

1. 校园文化建设

这是传统体育在学校教育中传承的隐性途径。一般来说，校园文化是指学校内部所特有的人际关系、行为方式、行为规范、价值观念体系、文化设施等的总和。校园文化着重强调的是一种精神环境和文化氛围，它包括校园物质文化、校园制度文化及校园精神文化三个方面的内容，这三种形态具有规范、引导、激励、凝聚等多种功能。主要表现为：

首先，青少年学生在自身道德认知和评价方面还不够明确，因此他们在学校当中的行为和习惯还需要有一种标准、规范来引导。传统体育的传承，光靠自发是不行的，尤其21世纪以来，在西方等外来文化的强大冲击下，并不是每个人都能正确地理解传统文化传承与弘扬的重要性、必要性，因此在青少年发展的初期是需要一些强制性手段来进行规范的。

其次，校园文化能对学生的世界观、人生观、价值观、生活方式以及人格等各个方面发挥导向作用。在浓厚的校园文化氛围中，大多数学生可以去领受体育文化的熏陶和渲染，改变他们在社会教育中对传统体育的一些流于形式的、粗浅的了解。只有这样，对于传统体育传承的影响才是长远的、深刻的，而这种权威的教育引导作用只有学校教育才具有。

最后，校园文化犹如一种黏合剂，这种黏合剂的作用在于将校园的所有成员心理和感情黏合于一种共同的文化精神中。校园文化作为一种群体的共同的价值认同，它能够培养学校所有成员团结协作的集体意识。学校教育将传统体育纳入校园文化建设，不仅有助于培养主流成员与非主流成员间相互团结、尊重的情感，同时还能通过参与传统体育活动增进了解和认同感。

我国学校的校园文化建设起步较晚，其建设是一个很迫切的问题，必须对此给予充分的重视，要采取切实有效的措施，以便更好地发挥其文化传承的作用。

2. 体育课程设置和竞技项目训练

这是传统体育在学校教育中传承的显性途径。多元文化教育是体育课程设置和竞技项目训练的理论基础，实施多元文化教育的重要途径是设置多元化课程。

关于多元文化教育的课程设置，以著名学者班克斯提出的贡献模式最为知名和普及。这种模式把焦点置于一些英雄、假日等文化因素上。其特点是，用于选择主流英雄近乎相似的标准把其他英雄添加到课程里去。它保持主流课程基本结构、目标和显著特性不变，其优点是：其一，运用一种快速而容易的方式在课程中编入一些传统文化内容；其二，本民族英雄或节日或主流英雄在课程中得到体现。这是目前我国教育学者普遍采用的模式，也是传统体育在学校教育中可以参考的一种模式。

学校是传统体育文化有效传承的重要途径，是保证传统体育不断普及与发展的重要形式。只有将传统体育文化纳入学校教育中，才能更好地保证其持续健康发展。对学校教育而言，寻找传统体育文化的传承人，那就是体育教师，让他们重视收集、挖掘、加工、创新与发展，将体育文化继承下来，将我国的体育技艺传承下去，使之成为中国文化的积蓄。

（三）社会教育传承

虽然家庭教育传承和学校教育传承的作用确实重要，但有时这两种形式也无法有效地进行传统体育文化的传承。对于大多数人来说，他们对传统文化观念和知识的获得，更多的是依靠蕴藏于风俗习尚之中的社会教育。在节日庆典以及劳动闲暇当中，通过有意识地教授或是无意识地浸染，将传统体育的活动形式、文化精神过继给年轻一代，并通过不断地重复将其在他们身上固定下来。

体育文化的形成是人类遵循文化发展的结构性规律的结果，它来自生产与生活实践，并被逐渐从生产生活中剥离出来，可以说它本身即具有非常浓厚的生产性与生活性。许多居民普遍认为，生产、生活因素是传统体育的灵魂，也正是源于这样的认识，体育在社会范围的大教育中最能得到传承的动力。传统居民接触传统体育的途径，频率最高的节日庆典、仪式、婚丧仪式、村寨间竞赛活动等，都属于社会教育的范畴，不是有计划、有目的的规范传承，更多的是通过社会范围的大教育，潜移默化地将传统体育移植到年轻一代成员的行为习惯里。

二、民俗传承

（一）社会民俗传承

社会民俗的范围是指某个家族、亲族、村落及各种社会职业群体的人生仪式以及习俗等。由于传统体育不直接创造物质利益，因此从某种程度上来讲，它更多的是属于一种精神文化，也正因为如此，它一般多与节日庆典结合在一起。一方面，作为节日庆典中的诸多仪式之一，传统体育以身体活动的形式传达该仪式更深层的精神意义；另一方面，传统体育也可以凭借节日庆典对生活所产生影响的深度和广度来达到传承的目的。

可以说，传统体育是社会民俗的一个重要组成部分，随其产生而产生，并且也随其发展而完成自身传承、整合的过程。传统体育在社会民俗活动中将以下功能展现出来：

首先，活跃和丰富文化生活的功能。节日活动中的传统体育内容十分丰富，像划龙船、拔河、摔跤等，这些项目的竞技性都不强，也没有十分系统、严格的比赛或游戏规则，主要在于通过活动达到渲染节日气氛、娱乐群众的效果。由于这些传统体育活动的存在，大大地丰富了群众的传统文化生活。

其次，继承和发展传统文化的功能。传统文化被蕴含在许多传统体育项目中，这些项目在发扬优秀的艺术传统的同时，也反映出了审美倾向。总而言之，体育作为传统文化的一个重要组成部分，它在节日文化中所得到普及性的横向传播和心理文化定势的纵向继承，是对传统文化的一种补充和支持，使其在自身的继承和发展过程中能尽量保持全貌。

最后，具有增强自豪感和凝聚力的功能。自豪感的核心是自尊。人民的自尊心通常表现在对英雄人物的纪念上。众所周知，对英雄人物的纪念仪式与传统体育有着不可分割的关系，这些传统体育项目的举行唤起了人们对英雄人物的崇敬和缅怀，从而进一步增进了自尊心与自豪感。

传统体育存在于节日庆典当中，并不是一种个人行为，而是社会普遍传承的风尚和喜好的总汇。在共同的节日习俗中，人们通过共同的庆祝仪式潜移默化地强化着共同价值标准，并通过年复一年的节日延续着。与这些节日联系在一起的传统体育项目也就在不知不觉中被传承着。传统体育对于增强民族凝聚力所起到的作用，其直观性、普适性，是其他任何形式也无法替代的。各种体育娱乐活动所带来的强烈的感染力，是人们对传统体育自觉地产生了认同和欣赏。

（二）口承语言民俗传承

口承语言民俗主要是关于语言文学艺术的各个方面，它包括神话、传说、故事、歌谣、叙事诗、谚语、谜语、民间艺术等。从表面上看，这些与传统体育没有什么关联，但实际上却有密切联系。许多传统体育项目都不是单纯的竞技活动，经调查至今流传下来的与口承语言民俗有关的体育项目（或活动形式）约有数十种，它们不仅本身与传统文化艺术没有非常严格的区分，并且许多传统体育项目在进行时还都伴以诗歌、歌谣等民间艺术形式。与文化艺术相结合的传统体育项目，往往组织规模大、参加人数多、活动时间长，且内容丰富、场面热烈。

第七章 传统体育文化传承的表现和创新

传统体育文化产生于自然经济时代，有着明显地域性和浓郁传统文化色彩的中华传统体育，在整体上适应农业经济形态居主体的社会。从整体结构上看，传统体育的构成包括以武术为主体的武艺，以游戏形式满足人们娱乐需要的民间传统体育游戏，以及传统体育活动等形态。

第一节 传统体育构成形态

一、国术和引导术

国术，又称武术或武艺。是以技击动作为主要内容，以套路和格斗为运动形式，注重内外兼修的中国传统体育项目。这个定义包含了两层意思：一是说武术是以技击动作为内容的体育项目；一是注重内外兼修的中国传统体育项目。

武术具有极其广泛的群众基础，深受各族人民喜爱，且均有自己独特的风格和套路。武术主要分为拳术、器械、对练、集体表演和攻防五个类型。其特点一是“击”，二是“舞”。“击”就是“技击”，即从徒手搏斗的拳术发展为搏击敌人的武艺，在民间有根深蒂固的传统。“舞”就是“武舞”，即现在流行的套路形式，它与“技击”的搏击性不同，具有表演性。

武术是中华民族在长期的社会实践中不断积累和丰富起来的一项宝贵的文化遗产。作为传统体育文化的代表，武术是传统武术与传统文化的产物，其文化属性在社会中所呈现的诸多价值角色，也必然伴随着传统武术长期生存与发展。然而，伴随着冷兵器时代的结束和 20 世纪的改良，今天的武术已经与先前所传承的武术产生了本质的差异。

传统武术是广泛吸取了诸如古代哲学、兵学、中医学等学科领域的理论成果而形成，被誉为“博大精深”的文化体系。传统武术发展成现代体育项目，其健身价值就显得更为突出。即使是武术中的散手、太极推手这一类由二人直接进行身体对抗的项目，也是练习者在规则的限制下通过掌握一些身体运动的技能和方法，来达到增强体质的目的。

现代武术理论，更广泛涉及除了体育学以外的自然科学、人文社会科学等学科。比如，有关武术运动的生理生化研究，是运用现代运动生理学和运动医学的研究方法与实验条件，来揭示武术对人体所产生的各项生理生化指标的变化，为建立武术的科学训练体系提供科学依据，同时也为武术活动的健身价值做出科学说明。又比如，在武术的科学化训练中，借助生物力学研究，阐明武术技术动作的力学原理，建立“最佳”技术模型。同时，对运动员进行技术诊断，分析运动员身体结构和机械能的力学特征。此外，还可以从力学角度说明造成某些损伤的机械原因，提出防治措施。

在现代社会，武术同时兼有新旧两种发展需求：一方面要保留着传统武术的品质和形态特征，另一方面又增加了一些现代体育的内涵。因此，对当今武术的发展“设计”常常陷入不能自圆其说的难堪境地。

古代的康复体育运动是中国传统体疗方法之一。其最大的特点是：形、意、气结合。即运动肢体身躯以练形，锻炼呼吸以练气，并且以意导气行。东汉时名医华佗编制的“五禽戏”，以及宋元才形成完整体系的八段锦、太极拳等，就是具有导引特点的康复体操。许多人把康复体育运动解释为一般运动，它以肢体运动、呼吸运动与自我按摩相结合，以强身健体、治疗疾病为目的。在几千年发展过程中，康复体育运动逐渐发展成为一种特点鲜明、博大精深的体育医疗体系。直到今天，康复体育运动仍对人类有着巨大的健身价值和治病价值。

当然，古代导引又不完全同于现代的“医疗体育”。现代康复体育在康复体育运动的启发下，发展成形式多样的健身运动，有体操、球类、器械运动、跑步等，武术也是健身的运动项目。其中许多项目还保持形、意、气结合的特点，有的则着重练形。

在现代，“气功”一词家喻户晓，成为涵盖传统行气导引、武术内功以及现代人以传统养生理论方法为基础，创立的类似健身功法的总称。

气功，是一种通过练气和练意，达到自我身心锻炼和强身健体的活动。其作用原理，主要是通过对人体生命活动的基本因素——精、气、神的锻炼，以增强人体生命活力和自然抗病力而达到防病、治病的目的。古代养生理论认为，孕育新生命的原始物质称为“精元之气”，因其是与生命体与生俱来的物质，故称为先天之气。保持先天之气的充盈，减少其外泄，就成为人们追求身体健康、延年益寿的前提。人体生命的产生是以阴精为基础、以阳气为护卫的。精充气足则神旺，精亏气虚则神衰。《内经》曾指出：精中之气，气中生神。张景岳《类经·摄生》说：“精全则气全，气全则神全。”古代气功家据此而逐步形成气功的基本思想：练精化气，练气化神，练神还虚。近代气功家综合气功的特点，概括为外练筋骨皮，内练精气神，形神并重。

远在春秋战国时期，老子《道德经》就有“绵绵苦存”　“专气致柔”的记载。《庄子·刻意》也有“吹呴呼吸，吐故纳新，熊经鸟申，为寿而已矣，此导引之士，养形之人，彭祖寿考者之所好也。”之语。这是呼吸、意守、运气功法的肇端。在《内经》中有关“呼吸精气”“饵舌下津”“闭气不息”“独立守神”“静神不乱思”等语，皆指练气功的一些方法。

汉代将导引术结合起来进行气功锻炼，如马王堆《导引图》中的闭目静坐、双手抱头、收腹下蹲、弯腰打躬、站立仰天、屈膝下按等多种练功姿势；佛门养生中的止观法、坐禅法和参禅法，皆指静坐练功的方法等。

两晋南北朝时期，从练功方法中进一步认识到气功的治疗意义。如嵇康《养生论》的“导养得理，以尽性命”，将气功应用于延年祛病方面。

隋唐时期重在应用导引、吐纳进行摄生防病。隋代太医博士巢元方主编的《诸病源候论》一书，以养生导引方法为代表，总结了隋以前的气功疗法。唐代医药学家孙思邈在《千金要方》中要求入静要深，“和神调气之道，当得密室……瞑目，闭气于胸中，鸿毛着鼻而不动，经三百息，耳无所闻，目无所见，心无所思……”。

宋代练功之术已臻具体化，后学者易于掌握。《圣济总录》载有“咽津”“服气”“导引”三种方法进行气功锻炼。金元四大家无不通晓气功，刘完素《摄生论》首重气功疗法，朱丹溪《格致余论》主张“调息神态”，张子和《儒门事亲》已将气功用于损伤诸疾的治疗上，李东垣《兰室秘藏》主张“安心静坐，以发周身之元气”，为明代坐功法奠定了基础。

明清时期，注重静坐功夫，首推王阳明《传习录》和孙文胤《丹台玉案》。李时珍不但是中医药学巨匠，也是气功大家，他深明“内视”之妙，用此方法印证了“紫阳所载经脉，与医家之说不同”。另有曹元白的《保生秘要》、陈继儒的《养生肤语》、张景岳的《类经》等著作都注重气功方法并重视精气神的康复。“明清两朝是中国导引术发展成熟的时期，其地位和影响取代了服食、内丹等流派，成为中国养生文化发展的主流形式。如果说，晋唐崇尚外丹，宋元风行内丹，在明清时期，则是导引术独领风骚。

二、民间传统体育游戏

民间游戏是指流传于广大人民生活中的嬉戏娱乐活动，俗语称玩耍。游戏是游艺民俗中最常见、最普遍、最有趣的娱乐活动。主要流行于少年儿童中间和节日里成年人娱乐节目之中。有些游戏项目在发展中逐渐完备，最后形成了竞技项目或杂技艺术。古往今来，我国各地区的民间游戏活动犹如漫天繁星，许多民间游戏活动在性质、方式以及游戏者的范围等诸方面存在着某些相同或者是相似之处。纵观我国纷繁众多的民间游戏活动，可将它们分为儿童游戏、斗赛游戏、季节游戏、歌舞观赏游戏、杂艺游戏、智能游戏、驯化小动物游戏、助兴游戏和博戏等。

民间游戏与民间竞技如同一对从民间文化这一母体中孕育出来的同胞兄弟，它们之间存在着千丝万缕的联系。在许多具体的民间游戏活动项目中存在着程度不同的竞技特征，而民间竞技的许多活动项目中也存在着不同的游戏特征。如我国古代已有的传统民间竞技活动踢毽子，其基本技巧有四种，即两脚向内侧交替的踢法“盘”；屈膝弹毽的“磕”；用脚外侧反踢的“拐”；用脚尖正踢的“蹦”。另外，踢毽子还常有花样技巧比赛，常用肩、背、胸、腹、头等身体各部位与两脚配合，做出各种姿势，使毽子经久不落地，缠身绕腿，翻转自如。这种民间竞技活动也具备明显的游戏特征：众人踢毽子竞技比赛的过程，就是一个边竞赛边玩耍的过程；技巧欠佳的人踢毽子，也可以在踢的过程中获得许多乐趣。跳绳也是如此，它本是一种边跳边伴唱的游戏活动，其特点是自娱，即使后来发展演变为竞技活动，但其游戏的痕迹仍存在。边竞赛边玩耍，兴趣盎然，其乐陶陶，这正是我国众多的民间竞技游戏活动的基本特征。

民间游戏与民间竞技的密切联系，还从两者之间传承变异的过程中表现出来。从传承关系上看，许多竞技活动是从游戏中变异而成的。例如，抽陀螺这一活动在我国已有四千多年的历史，它本是一种用绳索抽打一个圆锥物体，使之不停地在地面上旋转的游戏。后来，随着人们抽陀螺的技艺不断提高，逐渐使这一项自娱性的游戏活动演变为竞技活动，演变成现代体育运动会中的打陀螺比赛。

传统的民间竞技活动与近现代形成的体育竞技活动之间存在着差异。传统的民间竞技活动是玩耍与竞赛的结合体，即竞技的过程始终充满玩耍的乐趣，而近现代形成的体育竞技则是严肃认真的比赛，其中游戏玩耍的成分几乎没有。从我国古代盛行的竞技活动蹴鞠与近现代的足球比赛来看，两者之间有着直接的传承关系，但比赛的氛围是大不相同的。蹴鞠比赛过程中，时时显现出玩耍自娱的随意性特点，而在现代足球比赛中却不具有这种特点。

毋庸置疑，娱乐是游戏、竞技民俗最大最直接的功能。除了必要的生产活动外，消除疲劳、抖擞精神也是人生活的需要，也是人的社会活动的重要组成部分。

随着竞技民俗的竞技性增强，各类项目“制约性”的规则也随之出现。这些规则虽然简约粗放，却是传统体育由自然状态向规范化体育转化的重要标志，它使体育竞技民俗在摆脱传统羁绊后继续向着规范化、现代化的方向发展。比赛除比出强弱优劣外，更重要的是尽情展示出人体强壮、灵巧的美，展示出人类无高不可攀、无险不可克的豪情壮志，使体育游艺民俗进入表现人类精神的崇高境界。当促使体育运动前进发展的机制变为娱情、健身、竞胜、审美的健康动因后，它也就更具魅力和感染力。

以现代技术和现代生产方式为物质基础的全球化，在不同层面上衍生出一定的制度文化和精神文化。以竞技体育为主流的正规体育虽然仍旧为制约传统体育游戏发展的障碍，但欧洲和其他地方的传统体育和新生的民间游戏已经开始对竞技体育提出了挑战。在全球化的冲击下，各民族都从自身的需要，在适应全球化文化发展的基础上，力图使自身传统文化适应新时代的需要，这是一种值得注意的现象。

三、特殊的传统体育

少数传统体育，一般指生活在特殊地域的人群世代传承的表现一种特殊文化特色的身体活动。传统体育是人们在长期的历史发展进程中积累保存下来的，反映人民意识和多方面活动的文化财富。它在开拓中华民族悠久历史的宝贵文化遗产时，与现代体育交相辉映，铸造了中华民族灿烂的文明。

我国部分特殊的传统体育是当今我国体育的一种特有的活动现象。在我国一些地区的仪式，喜庆丰收，婚丧嫁娶以及各种节日中，传统体育仍然是不可缺少的内容，各种体育活动出现频率之高是其他文化所不能比拟的。传统体育是剖析体育起源和发展各阶段诸形态的活化石，是挖掘和创造新的体育项目和形式的源泉，其折射出的传统文化发展轨迹，具有不可低估的价值。传统体育文化在中华民族传统文化的历史演进中更加丰富多彩，从民族性、历史性、科学性、竞技性和娱乐性诸多方面得到了充分的体现。

传统体育活动是过去研究最为薄弱的部分，改革开放以来，传统体育又是发展最快的部分。传统体育发展到今天，已经从传统的娱乐及其文化的附生物转变为具有独立特征的体育运动项目，其内涵更为丰富，外延得到了充分的扩张，体育的竞技性更为突出、规范。

我国当代传统体育的勃兴，以传统体育活动的繁荣最富有代表性，其中尤以传统体育运动会为显著标志。

在运动会上，展示的是精彩绝伦的传统体育精华，千姿百态的服饰服装和歌舞，从中可以感受到各民族政通人和、安定团结的社会现状，领悟全国人民互相交融、宛如一家的亲情。传统体育，已成为中国文化的重要组成部分，成为中华民族的共同财富。

第二节　传统体育文化的困境和现状

在当代，我国传统体育具有现代流行体育所不可比拟的优势，也不可避免地存在与现代社会发展中不相适应的问题。当历史的车轮进入现代社会，在工业化的环境中，作为人类文明进程中的一个重要标记的传统体育却艰难生存，其特色和光彩被磨损殆尽，再次陷入困境之中。原因是多方面的，但缺乏理论基础则是不争的事实。

一、传统体育文化传承困境透视

近代以来，传统文化的陷落导致了传统体育的没落和传统文化信仰的危机。传统体育的生存空间被不断压缩，西方体育已经占据了主流地位，以竞技体育为先锋的强势西方文化垄断，进一步蚕食弱势的东方民族文化。我国传统体育文化面临着严峻的生存危机，传统被现代取代已成为一种潮流和趋势，传统体育边缘化现象已成为新常态。当前，传统体育文化正面临双重的挑战，新时期传统已经形成一种惰力，这种惯性作用具有二重性。对于传统的态度，不能食古不化，也不能数典忘祖，这两种极端都会将传统拉入深渊。传统作为社会的一种生存机制，是民族内聚力之源泉，亦是维系民族生命之抗体。维护传统体育的地位，亦是维护传统。传统体育文化传承的困境主要表现在以下方面：保守意识浓厚导致自我更新与现代化转型的缓慢；传承方式、传承机制不科学导致传承链的断裂；政策、资金扶持力度不够，职能部门的责任意识欠缺；传统文化的遗忘导致传统体育文化认同弱化；需求存在错位导致难以顺应现代生活健身需求；理论研究的不足导致学科建设、课程建设与人才培养的滞后。

传统体育的发展不能仅仅停留在文化模仿阶段，一味地走竞技化模式。否则，传统体育文化将被迫陷入文化失真的尴尬之境。需要捍卫传统体育在我国体育事业中的地位，既是对文化的守护，亦是对国家、民族的坚守。传统体育文化的回归是当代国人应有的文化自觉，传统体育文化的回归能够唤醒和增强人们的民族意识和民族荣誉感。我们应以从容的姿态和远见卓识的国际视野审视传统体育文化的发展。孔子学院作为传统文化国际化推广的高地，应该不断融入传统文化元素，并丰富传统体育的项目及内容。同时，传统体育也要不断提升在世界体育文化中的话语权，在世界文化中注入中国元素。

二、传统体育文化的现状

从史书记载的典章制度到中华养生文化，从远古边远地区各民族居住中央的史籍记载到今天各省、市、自治区体委文史办公室对体育资料的挖掘整理，无不找到中华民族悠久历史的发展痕迹。

在当今，传统体育学借助历史学、社会学、文化学等学科的原理与方法来丰富自身学科特色与体系，也必然对拓展体育学的学科领域和完善体育学的基本理论与原则起到重要作用。传统体育学既是传统体育运动领域中的渗透与拓展，又是体育学在传统体育中的体现与延伸。但目前传统体育学仅仅初步确立了应有的门类和框架，在很大程度上尚落后于其他学科的发展。从传统体育学科主干（武术、养生等）建设来看，无论是从深度，还是从广度来说，都还不能按学科建设的严格原则和标准进行具体规划和落实。在整个体育科学体系中，传统体育学科还是贫困的学科之一，特别缺乏独特的一整套概念、范畴、命题和研究方法。由于我们对理论的疏忽，致使实践中忽冷忽热、流于形式的现象严重。

迄今为止，对于中国传统体育的研究，主流的方法都是在“挖掘、整理”的范畴内，没有冲破这二者的局限，这种方法在初期当然是必需的，在保存体育文化遗产等方面也无疑是有意义的，但挖掘、整理出来的中国传统体育文化不能被进一步转达为现代社会的理念，并为现代社会所用，那么它就永远只是历史。因此，研究的真正意义不仅在于有关中国传统体育项目的挖掘和整理，而且在于要转达这些传统体育项目中所包含的思想和理念中已被认识的价值，表明它们值得被人接受的诸种理由。实际上，要使传统体育研究有长足的发展，关键的并不是穷毕生精力去发现新材料，而是用最新的现代体育理论去解释那些已经发现和整理好的现成材料，并使它在实际生活中得到传播和应用。

在中国文化越来越多地借鉴和吸取外来经验的今天，许多宝贵的武术文化遗产正在悄然流失。许多经典专著至今少人问津，有的甚至已看不到原著。因此，现阶段我们对于武术经典专著的研究是挖掘有余而全面和系统的整理不够。热闹的市场运作模式和体育竞赛方式等正在掩盖着现代武术微弱的技能特色和文化内涵。

近十几年来，我国传统体育的研究有了进一步的发展，人们身心健康保障的独特性等方面有了新的拓展并取得了一定的研究成果，但客观上仍旧存在着一些问题，这些问题的存在很大程度上影响了学科建设的发展。传统体育的发展需要传统体育学科体系做保障，而学科体系又需要坚实的学科基础理论做依托。

由于体育学科建制较晚，长期以来在我国体育界，一些人存有传统体育封建糟粕多、欠科学难以发展、不需要科学等认识上的误区。他们受西方现代体育思想的制约，注意力集中在对现代奥林匹克项目与我国传统体育项目在规则、竞赛等技术方面的比较，忽视对传统体育项目内在价值的研究，忽视对传统体育文化底蕴的拓展性开发，缺乏对传统体育深层次的理论研究，导致缺乏理论基础积累的深层次创新。近年来，随着体育社会科学研究的进展，民族文化交流的加深，一些观念虽有所转变，但其影响仍然存在。

由于基础理论薄弱，目前，对传统体育的概念，还没有形成一个统一的认识。对民族和传统两者所涵盖的内容、对传统体育的研究对象和方法、对历史上外族传入的体育活动是否属于传统体育的范畴等问题，还需进一步辨析和界定。以致对传统体育的把握还缺乏一个清晰统一的轮廓，难以进行统一话语的讨论。

传统体育是传统文化的一个组成部分，因此对传统体育的研究缺少了文化学上的观点，是不能完全体现其实质的。随着人类社会的发展和多民族文化的相互交融与渗透，传统体育的功能已经向着多元化的方向发展，至今已具备了多重的社会功能和实用价值。而仅从传统的角度来审视传统体育的功能，已不足以反映传统体育在人类现代社会中的地位和作用。因此，对传统体育学科领域进行全面性筹划、全方位决策和根本性指导，形成一种不断追踪学科前沿，不断思考更新研究领域的学术氛围，成为当代传统体育发展的迫切需要。

现阶段，对传统体育项目的研究多以进军奥运会、民运会或是其他形式的比赛为重点，习惯于注重开发它的竞技性，使其陷入以竞技为主要特征的泥泞；其娱乐和表演的成分在人们注重开发竞技性思维模式的影响下被忽视，传统体育本身具有的普及特色越来越淡化。随着休闲时代的到来，在大力提倡全民健身的今天，突出传统体育的优势，把传统体育与我国传统文化、现实国情结合起来，开发进入群众体育领域的传统体育项目的研究却不多见。

传统体育的沉沦，与脱离学校教育有着极大的关系。尽管当今人们已经清醒地认识到了这一点，展开了这方面的调查、研究和探讨，分析了传统体育在学校中开展的现状及可行性，并提出了体育课中开设体育项目的一些合理化建议。但这些研究大多数都集中在局部的、具体的领域，离传统体育在学校中的整体推广和普及还相去甚远，没有一个宏观的、系统的操作机制。

众所周知，传统体育自身所具有的优势是现代流行体育所不可比拟的，它产生于本土、来源于本土，不断发展、演变至今，传统体育已带着一种强烈的民族情结存在于世人面前。在当今，随着人类社会的发展和多民族文化的相互交融与渗透，传统体育的功能已经向着多元化的方向发展，已具备了多重的社会功能和史实价值。就目前传统体育的现状而言，如何处理好传统体育与经济的关系，如何使传统体育进入全民健身机制，如何使传统体育在学校中开展得更合理，已成为重要课题。因此，研究和探讨在传统体育实践中迫切需要理论性指导和加以解决的应用性问题，是传统体育学的主要任务之一，也是传统体育学作为一个相对独立的学科方向的价值所在。传统体育学鲜明的应用性特征，既是由该学科的基本性质与功能所决定的，更是由传统体育实践的需要所决定的。对其实用价值的开发和研究将对我国传统体育的发展产生积极的影响。

传统体育学是一门实践性很强的学科。传统体育实践是传统体育学科的重要生长点之一。这不仅是传统体育学学科产生的源泉，而且决定着传统体育学学科发展的前途。与其他纯理论性的学科相比，传统体育的实践性决定了传统体育学具有鲜明的可操作性特征。这是因为，其一，传统体育学的理论来源于传统体育实践，并服从于这一实践的需要；其二，传统体育学的目的和宗旨是应用与服务于传统体育实践活动，并为传统体育实践提供本学科的基本知识和理论指导；其三，传统体育学是以较完善的学科理论和模式对我国传统体育走向国际化道路担负起解释、指导和预测的责任。如何在传统体育理论与传统体育实践之间架起桥梁，使理论研究成果转化为具有可操作性的知识和方法，用以指导实践，将成为我国传统体育学科体系建设和发展亟待解决的问题之一。

三、学科体系的建立和发展模式的现状

在目前传统体育学科体系的建设和发展模式尚未形成的严峻形势面前，我们必须认识到学科建设对学科发展的重要性，要把学科建设问题作为一项重要课题来研究，以解决由于理论的贫困给实际工作带来的问题；如目前由于传统体育的理论困境——无法回答功能、原理、方法论等问题，已使得传统体育活动在余暇生活中出现萎缩；在研究传统体育发展战略的时候，还必须考虑求新心态的负面影响；中国文化史上的基本趋向是追求一律，当新事物出现的时候，大家都追求时尚，使旧有的东西很难有生存的空间，良性的文化发展战略是鼓励多元并存、新旧并行、百花齐放，而不是一窝蜂似的追求某一种新的或者外来的东西，更何况在接受新的外来的东西的同时，完全有可能保留原有的传统文化要素。

传统体育运动会是弘扬民族文化，展示我国多民族团结奋斗的精神风貌、体育特色和运动水平，锻炼和培养优秀体育人才，发展体育事业和推动全民健身运动、促进各民族大团结的盛会。在民运会上，传统体育项目集竞赛、表演、音乐、舞蹈于一体，通过既有竞技性、民族性，又有趣味性、观赏性的运动，展现着人们的勇敢、智慧、时尚和追求，以及在改革开放中的生机与活力、自娱自乐、沟通情感、美化生活中生活状态。民运会的召开对带动各地区旅游、贸易的发展，促进各地区经济的繁荣起到了很重要的作用。同时，民运会也是向世界展示我国团结和进步事业取得巨大成就的窗口和渠道。

传统体育历来被认为是体育的一个分支，是现代体育形成发展的基础；现代体育的竞赛项目也大多脱胎于传统体育项目；民运会的最大特点是竞赛项目大多从表演项目演变而来；传统体育项目大部分都是在日常生产生活中逐渐形成的，有广泛的群众基础，能歌善

舞的少数民族也喜欢用歌舞来表现生活；因此，民运会的表演项目不可能将歌舞和运动截然分开，我们一方面既要避免过分偏重舞台歌舞成分，而忽略其体育性和健身性；另一方面，又要防止过分强调竞技性而忽略了其娱乐性和观赏性。

一种不可忽视的现象值得注意，以现代奥林匹克运动为代表的西方竞技体育对传统体育发展产生着影响，即传统体育运动会的“竞技化”趋势；经过近 30 年的漫长停顿，1982 年民运会的重新举办列出了骑马、摔跤、射弩、秋千等竞赛项目，也让众多的表演项目精彩纷呈，揭开了体育事业整体推进的序幕。一些项目确有健身价值，但从竞赛组织到比赛规则却表现出了很高的竞技成分，其激烈程度也是一般人难以介入的。

传统体育有很多具有竞技性色彩的项目，将这些传统体育项目挖掘整理出来并发扬光大也是一项有意义的工作。但传统体育有其自身特殊生存环境，不能一味地依照现代体育竞技方式标准来对其项目进行改造，否则，其结果将有悖于传统体育发展的方向。在今天，我们面对的不单纯就是对某一项目的比赛形式进行改造，实际上是面对根深蒂固的中国传统文化和形形色色的民风习俗进行改革，为此，对传统体育运动会的改革，要充分尊重群众的意愿、思想感情、审美心理、风俗习惯以及心理承受力，引导而不强迫，更不能用行政命令加以强制。改革的目的是使其更加具有民族风格、地方特色和时代精神，更加为所喜闻乐见。

四、传统体育文化城市发展现状

自人类建立起更多能够满足自身需要的城市，人类就迈开了他们全球化的步伐。传统体育在现代城市化方面进程相对缓慢，对于城市生活方式，传统体育文化中的部分内容的确存在着先天不足，诸如其中依然发挥至关重要作用的实用性、与节庆活动的关联性、审美性等强烈地制约着它的城市化进程。

就实用性而言，部分传统体育十分强调其使用价值，要求习练者掌握和强化其实战技击能力。但文明社会已经不需要人以拳脚来解决纠纷，从这个角度上看，传统体育文化的技击实用价值的生存空间已经很少了。传统体育的审美性是与其生存环境保持着密切的联系，其乡土气息浓郁，较少现代城市审美倾向。

因此，传统体育更多的是与其发生成长的环境密不可分的，它的内容、形式和思想多是发端、生存于乡村，不适应城市生活环境。当前，城市化进程中的传统体育由于其根本依托环境发生变化，其在文化的变迁和重构中正在不断地失传和被抛弃。

城市化的核心问题是人口的城市化，其表现形式是人员的大量流动。随着城市化进程的加快，人们纷纷涌入城市。由乡村向城市的发展固然是社会进步的表现，但在由分散、落后的乡村向密集、发达的城市转移的过程中，在文化的变迁和重构中造成了大量传统体育文化的失传和丢弃。

从目前的情况来看，城市化过程中传统体育文化面临的主要问题有：

第一，城市化改变了人们传统的生产生活方式，使传统体育文化的受众越来越少。由于城市化、现代化步伐的加快，特别是由于电的使用和电视的普及，人们日出而作、日落而息的耕作制度和生产方式正在发生急剧改变；参与传统体育文化活动已不再是人们生活的内容，休闲娱乐等都市文化的冲击使传统体育文化的受众越来越少。

第二，经济利益的要求动摇了传统体育文化生存的社会根基。20 世纪 90 年代兴起的打工热潮，使一些地区的富余劳动力纷纷涌入东部沿海发达城市。农民外出打工对推动城市化进程、增加农民收入、促进农村经济发展和农民观念的改变、提高农民素质等都具有十分重要的作用。但是，农民外出打工对传统体育文化却是一种强大的挑战，因为外出打工的人所接受的都是社会的主流文化、都市文化，他们大多背离了故土的传统、价值观念，文化认同也发生了改变，导致传统体育文化后继乏人，其社会根基发生了动摇。

第三，城市化导致了民族凝聚力减弱，使传统体育文化的生长失去了组织依托。随着城市化进程的加快，偏远地区人口纷纷进入城市，原来相对集中居住的格局被打破，逐渐分散于城市的各个角落。正是散居的原因，再加上人们为早日融入主流社会而疲于奔波，很少有人或组织热心传统体育文化工作，结果是民族凝聚力逐渐减弱，传统体育文化的生长失去了组织的依托。

第四，由于传统体育文化不受重视，传承机制脆弱，使传统体育文化后继乏人。随着全球化、现代化、城市化进程的推进，学校体育出现了误区，许多具有地方特色的体育文化活动无法体现，体育文化受到主流体育文化的排挤无法进入学校课堂，其结果是学生从小就学会了现代体育，而传统体育活动和所承载的文化却知者甚少。传统体育文化不受重视的情况在民间也同样有所体现，民间艺人地位在下降，表演艺人没有观众和舞台。老一辈艺人的处境是一面镜子，所以年轻一代继承民间传统体育文化的寥寥无几。

城市化进程是时代发展的趋势，同时城市化对传统体育文化的冲击也是不可逆转的。在城市化进程中如何保护传统体育文化无疑是摆在我们面前的一大难题。这就要求有关部门必须制定切实可行的措施，使城市化与传统体育文化的保护、开发、利用同步进行，和谐发展。

在对传统体育文化资源进行全面调查的基础上按“分类分层”的原则进行保护。我国传统体育文化资源十分丰富，哪些应该重点保护、怎样保护，必须做到心中有数，因而有必要对传统体育文化资源做一次全面彻底的调查，在弄清各种传统体育文化的现状、分布等基本情况的基础上，按分类分层的原则进行保护。

在分类方面，需要了解保护对象的现状如何，还能不能进行保护。如果需要保护的对象已衰退，但还存在，可以直接进行保护。如果保护的对象已濒临消失，则需要先抢救，然后才能进行保护。保护对象虽然重要，但已完全消失无法保护了，也应当有相关的资料存档。此外还要根据不同传统体育文化的特点有所侧重，加以分类。如有的传统体育活动现在仅有一些六七十岁的老人会，那么抢救的措施应侧重对老艺人的保护，让老艺人培养一批年轻人，才能使其延续得到保护。

在“分层”方面，传统体育文化的保护可以分为国家级和省级两层较为合适。如果某一具体的传统体育文化从全国的层面上看，既独特又有很高价值的，则应该进行国家级的保护。如果在全国的层面看较为一般，但从全省的层面看有很高的价值，则只进行省级保护。从全省的层面看也较为一般，但仍有较高的价值，则可进行记录式保护。

分类分层保护是在科学调查研究的基础上进行的，只有这样才能找到真正有价值的、值得保护的传统体育文化。

（一）把保护传统体育文化纳入城市建设规划

在城市化进程中，各地在制订城市建设规划时，必须把保护传统体育文化考虑进去。要充分尊重历史和传统。传统体育文化蕴含着悠久的历史和传统，并且具有许多有形的文化资源，在城市规划建设中，要把这部分资源保护下来，尽量不破坏原貌，保持其生态文化环境。要体现地方特色和民族特色。城市是一个地区的形象代言人和向外展示的窗口，传统体育文化活动能使人感觉到一个城市的文化气息，在城市中感觉到民族特色。这样做，既能满足城市居民和游客对民族文化的需求，又有利于保护、继承我国的传统体育文化。

（二）政府高度重视传统体育文化的保护工作

保护传统体育文化是政府责无旁贷的任务，各级政府必须采取各种有效措施保护传统体育文化。在诸多的保护措施中，最关键的是立法保护。立法保护能起到纲举目张的作用，不仅系统全面，而且能规范政府、社会、民间的行为，使其有法可依。在我国，有形文化的保护已经有系统的保护法律法规，但无形文化保护的法律法规尚未健全，需要加紧立法。传统体育文化作为中国文化的重要组成部分，它的建设同样需要经费投入。建议各级政府在城市规划中，要把保护传统体育文化的经费纳入预算。另外，还要将挖掘、整理、研究传统体育文化的经费列入地方的财政支出。民间传统文化是博大精深的文化遗产，涉及社会学、考古学等各个门类。这就要求各级政府要建立健全民族文化管理机构，保证其编制和必要的经费，建立一支懂业务、有责任心、有能力的保护队伍。尊重他们的劳动，使他们乐意于传承传统体育文化。可以借鉴云南省和湖北省恩施自治州的做法，分期分批授予各类民间艺人荣誉称号，并给予他们适当的生活补贴，一方面使他们能够安心传承民间文化，另一方面通过对民间老艺人的重视引导一部分人加入民间文化传习的队伍中来，保证民间文化后继有人。各级政府要通过多种形式广泛开展民间文艺活动，使优秀传统文化得到社会的重视和认同。

（三）发挥教育和舆论的导向作用

增强民众的保护意识，为传统体育文化的生成提供社会条件。通过报刊、电视、广播、网络等方式进行广泛宣传，使广大民众了解当地传统体育文化存在的状况和对当地经济发展的重要意义，使其增强对传统体育文化的保护意识。并且应把传统体育文化作为素质教育的内容列入教学大纲，通过学校教育的力量，让学生从小就了解本地的优秀传统体育文化，形成自觉保护优秀传统体育文化的意识，并通过教育的方式传习体育文化，使传统体育文化后继有人。

第三节　传统体育文化的继承和融合

SWOT 分析法是哈佛大学商学院的企业战略决策教授安德鲁斯在 20 世纪 60 年代提出来的。从整体上看，SWOT 可以分为两部分，第一部分为 SW，主要用来分析内部条件，着眼于系统的自身实力及与竞争对手的比较；第二部分为 OT，主要用来分析外部条件，强调外部环境的变化及对系统可能的影响。SWOT 分析法能较客观而准确地分析和研究一个系统的现实情况，找出影响系统发展战略的主要因素。从而对所研究的事物有一个全面的认识，抓住当前时机，扬长避短，优化有利因素，回避或弱化不利因素。

一、传统体育文化传承的优势

（一）突出的传承性和民族性

我国传统体育自产生以来，始终与政治、经济、文化、习俗、信仰相联系，世代相传，具有明显的传统性。众多项目在历史发展的长河中，经过锤炼、优化，而升华、继承和发展，形成独具内容、形式、时间、地点相对稳定的传统体育项目。我国体育文化具有悠久的历史，各种养身导引术、武术技击、民间游戏娱乐等，经历了几千年的承袭、发展、演变，成为当今世界体育文化中的瑰宝，充分证明了传承性的存在。研究表明：传统体育与这些风俗习惯紧密结合，互相渗透，形成了传统体育的民俗性特点。民俗促进了传统体育的深化和发展，传统体育丰富了民俗的内容，有的是传统体育融进传统节日、婚俗、祭典活动中；有的是节日、歌会、墟场、庆典活动包容了传统体育；有的是传统体育项目贯穿于各种民俗之中。我国传统体育具有丰富的民族文化内涵，由于受儒家哲学思想的影响，崇尚体育道德，重视人格价值取向，强调理性和人文教养，通过身体锻炼促进无形精神的升华。大多数都以养生为主，神形兼备、韵律优美，注重内部修炼与外部身体动作之间的协调统一，强调和谐的运动观，充分体现了系统理论的思想。

（二）较强的娱乐性和文体交融性

传统体育具有较强的娱乐性及文体交融性，比较适合现代人快节奏生活方式的需要。纵观我国传统体育，以强身健体为目的表演性、娱乐性项目居多。这些活动大都安排在业余时间进行，欢庆丰收、欢度佳节、祝贺新婚、闲暇消遣，将体育寓于娱乐之中，营造欢快的氛围。我国少数民族能歌善舞、能骑善用、能登善泳、热爱文化、酷爱体育，形成了互相交融、互相促进、不断发展的传统文化和传统体育；形成了高度体育技巧性同高度艺术性统一的传统体育项目。既强身健体又愉悦身心，达到健、力、美的和谐统一。

（三）产业化发展优势

传统体育具有产业化发展优势，拥有很高的经济价值。好多传统体育项目已经不仅仅是一项民间体育活动了，已经形成了一条促进经济发展的产业结构链条，推动了各地区经济的发展。广西侗乡通过举办三月三花炮节活动，吸引桂、黔两省四县邻近的各族民众进行农副产品、轻工业产品、手工艺品等商业贸易和文化交流，拓展了各地区的农村经济、活跃农村集贸市场，促进民族振兴和繁荣。

（四）利于各地区和谐发展

传统体育能加强各地区间交往，增强凝聚力和认同感，促进民族团结，有利于各地区和谐发展的优势。各地区间的交往是国家发展的一个重要因素。如广西三江地区的抢花炮、景谷县的陀螺赛、北京怀柔的珍珠球等体育活动。通过体育竞赛，加强了各地区之间的交流，增添了情趣，活跃了节日气氛，为当前构建和谐社会起到了积极的作用。

二、传统体育文化传承的劣势

（一）生存基础脆弱

传统体育的生存基础脆弱，使其发展受到严重制约。从 20 世纪 80 年代起，我国传统体育得到了较大的发展，风筝、舞狮、舞龙等在全国普遍开展，龙舟、赛马、抢花炮、民族式摔跤、大象拔河等被列入全国民运会的正式比赛项目。全国民运会为传统体育的发展提供了表演的舞台，但民运会基本上是硬搬了全运会的发展模式，而传统体育都是具体的、历史的体育，依赖于具体的历史文化语境，发挥着特定的历史功能。传统体育并不具备现代体育的生存环境，没有传统体育人才的培养机制，结果导致传统体育特有的浓郁的文化气息正在减弱、丰富的文化内涵正在淡化，其娱乐功能、健身功能、竞技功能正在消失，失去了原有的发展目标，失去了完整的生存基础。

（二）内涵挖掘不足

注重形式，对本有的文化内涵挖掘不够，影响到传统体育的可持续发展。对传统体育的科学性研究总体还处于较低的层次下，传统体育的理论也是不系统的、不全面的，或者说是不均衡的，缺乏对传统体育的整体性研究。主要存在两个方面的问题：一方面是详细挖掘清理传统体育的原生形式，过分注重细节，整个内容平淡琐碎，挖掘整理出的项目缺乏文化内涵，没有鲜活灵动的传统体育特性，例如锄头拳、板凳拳等，依然难以为现代人接受，同样难以在现代社会找到生存基础，挖掘清理的项目也只能保留在纸上。另一方面是简单地以现代体育竞赛规则的模式去套传统体育的形式，手段和方式单一，不注重两者间在文化学层面上的文化内涵的研究，忽略传统体育的特点，缺乏整合的过程。整理出的项目就是某一项现代体育项目的缩水版，例如木球和曲棍球差别，使项目开展和推广的难度都很大。另外在传统体育所使用的器材和场地方面也缺乏科学的整理和研究，有的过于古老，不易制造，既不安全又缺乏时代感，例如弩箭。这种仅重形式、缺少文化内涵的低层次整理研究，直接制约传统体育的健康发展。

（三）经济问题严重

由于历史发展，各地区自然条件的差别，中国的社会经济结构和经济发展极不平衡。有些地区体育经费投入不足，使得体育活动多为民间组织，形不成规模；旅游地区体育资源所依存的区域经济薄弱，资源转换能力不够，产业化结构初级化，城市化水平低，难以为第三产业发展提供舞台，致使传统体育资源的开发举步维艰。另外，交通等基础设施的落后也影响了对传统体育的参与，限制了传统体育产业化发展进程，制约了传统体育的全面发展。

（四）缺少文化互动

自我封闭，缺少与他元文化的互动。在历史上，生产力的低下使不同民族的人们被大自然封闭在一块块相互隔绝的土地上，各地区的相互交往受到很大的限制。这种空间和时间的差异性，形成了各地区不同的历史传统和个性特征，使各地区在经济、文化的发展水平上产生了很大的差别，各地区的传统体育也在封闭的环境中独立发展，传统体育呈现出多姿多彩的形态。在全球化浪潮的冲击下，原生传统体育生存的外部条件丧失，多民族文化的相互交融和渗透，是历史的必然。但在中国传统体育的研究中，由于跟世界文化交流较少，导致传统体育研究的文化视野狭窄，甚至认为固守本土传统体育文化，拒绝外来体育文化，就是对本土传统体育文化的保护，以免被外来文化同化。

纯粹独立的体育文化是不存在的，任何一种的体育文化都必然染上世界性的色彩。因为文化的产生从一开始就是交流的产物，任何一个传统文化都难游离于世界文化的相互交流之外，而且审美心理生命之源来自纵向继承与横向借鉴相互作用而产生的综合效应。传统是一个民族的“根”，是一个深入民族灵魂深处的东西，如果我们不能明了传统体育特有的民族审美心理和精神内涵，不能明了其发展过程的价值和功能，那它的发展将毫无意义。中国传统体育文化之所以在20世纪初没有得到充分的发展，不是因为它无深邃的价值，而是因为不具备发展的外部条件。所以我们应该从宏观上全方位地把握世界文化思潮，找到我国传统体育文化与西方体育文化的契合点。开放与交流是一个国家获得生命力的重要渠道，任何要跟上世界潮流的发展，必须通过这个“渠道”来激活自身的潜能，吸收新的生命养分。同理，传统体育要发展要向现代社会迈进，也要在保持传统特色的基础上，吸收借鉴现代体育奋发与竞争的精神价值，这样传统体育才会有所发展。

（五）传统体育文化传承的机遇

全球化为我国传统体育的发展注入活力和动力。传统体育文化是体育文化全球化的根基，体育文化的全球化又为传统体育的发展提供适宜的舞台，全球化的体育文化为生命本质的归复和人类健康提供了极好的空间。经济全球化的一个显著特征就是以计算机、信息与通信技术为支撑的信息网络的高速发展。全球化的互联网可以向外界提供全方位的信息服务，文化传播与交流变得十分便捷。这一传播渠道是我们大力宣传传统文化、促进传统体育文化发展的重要手段。

全球化为发展传统体育提供了契机。国家和社会对各地区传统文化给予了比以往更多的关注，传统体育的发展有了政策上的倾斜、法制上的保障以及经济技术方面的支持。因此，在全球化浪潮的冲击下，也有利于传统体育的发展，能有效地促进传统体育的发展道路、规模和产业化发展，能够改善和优化传统体育的结构，促进我国传统体育体制和机制的发展，提高我国传统体育的竞争力以及在我国社会经济发展中的地位。

全球化能促进我国传统体育发展成为未来东西方文化交融的重要纽带。全球化确实会加强传统体育文化之间的相互交流、融合和互补，加强各地区对地区传统体育文化的重新审视和思考。不断突破传统体育文化的地域和模式的局限性；不断超越传统体育文化的国界，并在人类体育文化的评判和取舍中获得文化的认同；不断地将传统体育文化区域的资源转变为人类共享、共有的体育文化资源，势必会成为未来东西方文化交融的重要纽带。

三、传统体育文化的传承机制

我国的传统体育是我国世代相传，以发展身体、增进健康、提高身体机能为目的的人类社会活动。我国的传统体育文化则是具有一定体育内涵与外延的人类社会活动的总称。

我国传统体育文化从类型上可分为主动型和被动型两大体系。所谓主动型，即参与者主动参加到身体运动或健身活动中来，亲自体验身体运动或各种健身活动的过程，获得通过自己主动参与后的健身成果；所谓被动型，是通过外部因素，如药物、膳食、按摩、推拿、针灸等作用于身体，达到强身健体、祛病延年的作用。主动型的传统体育文化根据其运动形态又分为三个基本类型，一是运动类；二是舒缓运动类；三是静功养生类。这三个类型的传统体育文化在长期的历史流变中其传承均不尽相同，特别是中华人民共和国成立以来，不同类型的传统体育文化所遭遇的也不尽相同。虽然有很多内容得到了很好传承，但也有很多内容失传，还有很多内容面临失传。究其原因，除了在各个历史时期各民族之间的文化交流与碰撞，以及随着时代的进步一些落后的、失去活力的项目被自然淘汰外，主要是人们对于传统体育文化的认识和传承的机制存在问题，这些问题严重地制约了我国传统体育文化的发展，特别是使我国传统体育文化走进学校、走到竞技场、走向世界的目标因此而变得不确定。如不很好地、科学地解决这些问题，势必会影响我国传统体育文化的健康发展。

修身、治国的责任是我国传统体育文化不断丰富的直接动因。其特征具有：同根性，即以中华民族传统文化为母体文化，并在其滋养与孕育下产生和发展。地域性，即因地域不同而形成了不同风格的体育文化，如南方的水上运动、北方的冰上运动等。包容性，表现在两个方面，其一是能够吸收兼容其他传统体育文化中的优点和长处，不排斥外来文化的补充和完善；其二是文艺与体育融为一体，许多项目融竞技、表演、音乐为一体，并从中体现出浓郁的民族特色和审美情趣。变异性，即传统体育文化的文化内涵及运动形态能产生变异，其变异又具有两种形式，一是同一传统体育文化因历史时间的不同而发生变异，二是同一传统体育文化在不同的地区中发生变异。

数千年以来，我国传统体育文化作为中国文化中最活跃的部分受到了各个历史时期的知识分子、帝王将相、黎民百姓的共同重视。修身既然能与治国并论，必然会受到统治者的支持。对“修身”方法的研究就很自然地成了全社会尤其是知识分子的义务与责任。因此，在我国历史上，只要不是动荡不定的战争年代，就会有许多新的“修身”理论和方法被不断地推出。这些理论和方法都深刻地反映出当时知识分子的审美情趣、人生追求、文化素养等基本要素。因此说我国传统体育文化的形态和方式从一个侧面体现了中国文化的真正内涵和外延。

目前，我国传统体育文化正处于传承与发展的新时期，其突出的现实问题一是内容递减；二是传承断裂。如果我们还不引起重视，我国传统体育文化将会有越来越多的项目会逐步退出历史舞台，而成为历史的记忆。这无论是从文化上，还是经济和政治上都将是一种不可挽回的损失。因此，我们必须加强对我国传统体育文化的传承内容与机制的研究，使我国传统体育文化能够健康地延续和发展。

我国传统体育文化的传承包含了“传”和“承”两个不同的方面，“传”是在充分研究的基础上，全面理解和掌握所传内容和知识的前提下进行的；“承”则是在充分认识“传”的内容和知识的价值的基础上而进行的。所以“传”是以研究为前提，“承”是以价值为依据的。“研究前提”要建立在中国传统文化的历史流变之中，从“变”中去把握研究的内容与方向。如：对于不同的历史时期失传的以及目前还无法弄清其基本原理的体育文化，要尽可能根据其产生的历史文化背景及失传时期的历史文化背景去复原运动形态，弄清其基本原理；对于在不同历史时期产生而现在又濒临失传的体育文化，要尽可能根据不同的历史时期不同的历史文化背景，具体地研究这类体育文化，尽量做到使其神形兼备、完整无缺；对于有完整记载和正在开展的、形态各异的体育文化，要根据现代竞技体育运动的文化标准，尽量提高其竞技性、艺术性水平；“价值依据”是以社会因素为背景的，过去的“承”因“艺”而动，学“艺”是为了生存，现在的“承”也应考虑社会因素。只有完善了“传”的内容，拓宽了“承”的空间，才能解决发展的问题，才能使我国的传统体育文化走进学校，走到竞技场，走向世界。

通过对我国传统体育文化传统传承机制的调查与分析可以发现，我国传统体育文化的传承方式因为其运动形式、技术技能的繁简、所处的区域及场所的不同有很大的区别。但总体上有如下几种：一是家族血缘性传承；二是收徒拜师性传承；三是信仰性传承；四是地域民俗性传承。我国传统体育文化是我国传统文化的重要补充部分，它的传承除了适用以上一些普通的传承方式外，还有一些符合自身特点的特殊之处，特别是近期以来，更是表现出十分突出的一些问题。我国传统体育文化绝大多数源于最初人们的原始活动及娱乐活动，随着社会的发展，我国的物质文明和精神文明的水平和程度都得到了前所未有的提升，各地区传统体育文化赖以滋生和传承的外部因素发生了根本性的逆转。

我国传统体育运动能够被传承的最主要的途径是每 4 年举办一次的全国少数民族传统体育运动会，以及以此为主体每 4 年举行的各省、自治区、直辖市传统体育运动会。各省、自治区、直辖市为了筹备参加全国民运会，一般都很注重设点集训国家规定的几项传统体育运动竞赛项目和能够反映本地特点的体育运动表演项目。但是，这种传承有很大的被动性，它是为了参加全国民运会在小范围内而准备的，因此也就没有了广泛的群众基础，所以提高和发展也是有限的。

那么，如何重新建构我国传统体育文化传承机制呢？在新的历史时期，传承我国传统体育文化可以从以下几方面进行：一是加大对我国传统体育文化的研究力度，把一些好的、有价值的传统体育文化及其研究成果以文字和音像资料的形式完整保存起来；二是加大学校对传统体育文化的教育力度，把一些优秀的传统体育文化引入学校教育体系之中，加强对学生进行传统体育文化的教育；把一些优秀的传统体育文化作为学校教育的重要内容引入学校教育之中，使我国的传统体育文化能够更加完整、有序地得到传承；三是配合旅游业的发展，重点建设一批有价值的民俗文化村，把一些优秀的传统体育文化永久地保存在文化村中，使之成为活动着的文物；四是在企业，村镇及民间建立一些业余的民俗体育文化表演团队，在一些民俗节庆活动中开展活动，以宣传企业和弘扬传统体育文化；五是在专业体育院校中设置传统体育文化专业，通过专业教育传承来提高我国传统体育文化的水平；六是建立全国性的传统体育运动竞赛制度，并以此促进传统体育文化的研究与提高。通过这些途径的作用，尽可能地使我国传统体育文化的传承能够建立一个稳定的、长效的机制。

我国传统体育文化传承的内容按传承的具体情况可分为：一是现在仍在传承的内容部分，二是一些失传了的内容部分，三是一些快要失传的内容部分。我国传统体育文化属于整个中国文化中的亚文化，它的形成、发展与传承是要受到中国主体文化和历史背景的规范和制约的。

四、传统文化的民族性与世界性融合

从体育人类学来说，民族的就是世界的，任何国家的体育文化都是世界文化遗产的一部分。随着体育在中国的日益普及，中华民族传统体育也将得到更好诠释，中国传统体育也将在痛苦中探索、反思，改进。我们希望世界各民族要互相交流、相互学习沟通，共同推动体育艺术向更高层次发展，不断融合各种不同的风格、内容、形式多样化的传统体育，只有这样才能发展和完善整体意义上的世界体育，这也是中西方体育文化相互交流、并最终融合的必然趋势。中国传统体育的发展和创新，是将西方体育遗产同中国传统体育相结合，保持鲜明的民族文化和浓厚的民族风格。我们强调传统体育是世界文化的一部分，是世界体育中的一支，应该在世界体育中占有一席之地，人们可以用自己熟悉的体育语言感受中国的传统体育文化，了解中国体育文化的时代变迁和中国传统文化精神与世界体育文化之间的相互关系，通过学习传统体育，切身感受传统体育文化的魅力，这种方式对学习传统体育文化更有利、更直接、更具体。

从整个世界的发展来看，“和平、发展”已成为全世界的主题，各国之间的经济、文化交流日益频繁，世界的经济、知识都在走向一体化。而知识、文化、艺术的交流、沟通也呼唤着世界体育的一体化。中国体育是世界体育不可缺少的一部分，它的发展对于整个世界举足轻重，因而中国传统体育也必将成为世界体育之林的重要组成部分。体育的一体化，引导着中国传统体育逐步走向世界，汲取精华、去除糟粕，创造出既是中华民族自己的又是世界性的传统体育，从而与西方体育相互融合，共同汇入世界体育的长河之中。中国现在有许多人在国际比赛中获奖，作为体育家，介绍和推广传统体育义不容辞，要在国际上推广我国传统体育，就要多介绍中国传统体育文化和民族背景，以及中国的风土人情，了解传统体育如何在探索及保持民族风格的原则上实现中国风格的体育化。传统体育的独到价值，必须在与世界体育真正融合之后，才能得到最后正确的估计，传统体育的充分发展，必须在与世界体育经过极度融化之后，才能达到它应有的程度。

如今，人类社会已步入全球一体化时代，由于各国各个领域存在着不同的文化，所以，应该用包容的态度去理解、学习各种外来体育，求同存异。应学习体育人类学，确立全球多元文化价值观，珍视人类文化遗产，尊重世界各国的体育文化，不断深入研究他国的传统体育，丰富世界体育文化宝库，同时也需要不断学习，发展本国的传统体育，努力保存具有中国特点的传统体育，使其成为世界体育发展史册上不可缺少的重要篇章，为人类体育发展做出贡献。

第四节　传统体育文化的传承和保护

一、走进校园的活态传承

民俗民间体育是传统文化不可或缺的重要组成部分，它以多姿多彩的形式和风格在当今社会显示出独特的文化价值和历史意义，是一种活态文化象征的社会资源。然而，现代社会的迅速变迁也使传统文化的生态环境发生变化，西方强势文化对弱势文化的侵蚀，使得我国传统文化生存与发展空间逐步被蚕食，我们面临着既想保留原有传统文化内涵，又想突破传统向现代文化发展，在传统与现代之间抉择、迷茫和尴尬的状态。如何解决好保护原生态和开发创新的难题，如何使几千年的中华文化瑰宝发扬光大，在东西方文化冲突的大环境中活态传承，是当今传统文化研究亟待解决的问题。

为什么民俗民间体育能够走进校园呢？

（一）民俗民间体育的教育价值为其走进校园提供了可能

民俗民间体育是在长期社会实践中所创造积累并发展起来的，以儒家、道家、佛家文化为核心文化，蕴载着我国悠久的历史，并反映民间的生活习俗、文化特点、道德风尚的一种特殊文化形态，是中华民族灿烂文化的重要组成部分，是民间文化、经济、生活的一种表现形式，具有世代传承性，并具有规范性和凝聚力，有规范社会道德、公众行为的价值和教育意义，并能增进民族团结和凝聚力，启发着人们向着真善美的方向发展。学校体育担负着在现代化进程中培养现代化人的重任，其主要目标是培养人的个性，实现人的全面发展。民俗民间体育走进校园不仅是动作技能和身体素质、意志力等方面的教育和锻炼，也是一种传统文化的学习和教育，更是一种热爱生活的教育，培养积极进取和勇于竞争精神的教育，并有利于青少年形成良好的道德品质和心理素质。

（二）民俗民间体育的健身娱乐价值为其走进校园提供了保障

“健康第一”是现代学校体育教育的根本指导思想，也是民俗民间体育能走进校园的基本点。众多民俗民间体育都具有健身娱乐价值，它们往往是几种体育项目综合体，具有锻炼身体、锻炼智力、健美身体，并能给人以休息娱乐和充满活力的美的享受，人们在得到精神愉悦的同时，还受到了美的教育。在强身健体方面，民俗民间体育根植于中华文化沃土，为中国人特殊体能、技能的物化表现形式，适合于人们的健身需要；在娱乐身心方面，民俗民间体育起源于军事、生活劳动、娱乐等过程，人们逐渐从具体的实际生活中提炼，并不断加工形成一种相对固定的形式，以满足娱乐需要，来调节人的生理和心理，宣泄情感。这种强烈的娱乐健身的价值可让新一代的青年学生强健体魄，有效地调节学生的精神状态，缓解学习压力。在学校体育倡导娱乐体育、健康体育的今天，民俗民间体育走进校园是符合《体育与健康》的指导思想和要求的。

（三）民俗民间体育的文化性是其走进校园的精髓所在

学校作为社会的重要组成细胞，不能脱离时代的文化背景而存在，与其他各种社会亚文化形态一样，校园文化也是社会大文化的一定程度上的缩影，它包括物质文化和精神文化。民俗民间体育具有浓郁的地方特色，富有感召力、吸引力和继承性，学生在学习过程中会潜移默化地接受传统文化的熏陶，萌发积极的团结意识，学生在学习民俗民间体育过程中，可以透过具体的文化现象，进一步掌握传统文化的内涵，促进民族文化的交流与传播，学生通过对文化价值的摄取，获得人生意蕴的全面体验，进而陶冶自己的人格和灵魂。人影响着环境，环境又影响着人，学生生活中受到传统文化的熏陶和感染，对校园文化建设发挥着不可忽视的功能。

学校是体育的摇篮，是民俗民间体育形态走向规范化、科学化、普及化的必由之路。民俗民间体育走进校园是活态传承行之有效的选择，而要使民俗民间体育通过学校体育教育这一“活态传承方式”，就必须坚持专业立场和学术视角并结合实践进行理性思考，对民俗民间体育从物质层面和非物质层面进行科学的开发，以期使其活态传承。

民俗民间体育进入校园物质层面的活态传承要从下面几方面入手：

1. 加强师资队伍的建设

在体育课程资源中，体育教学活动的直接执行者是教师，体育教师是体育文化、体育技能直接的传播者，因此对教师进行系统的培训，让体育教师掌握了解民俗民间体育的技术原理及传统文化内涵才能将其传播给学生，才能扩大传承队伍，为民俗民间体育走进校园并活态传承提供基石。

2. 建构民俗民间体育教材内容体系

大量收集、整理民俗民间体育资源，编写具有中华民族特色的“民俗民间体育”教材，构建民俗民间体育的教材内容体系。从适用性和实用性的角度选择性地设置具体的教学项目类别，提炼民俗民间体育的精华部分，确定合适的民俗民间体育教材内容的广度和深度。

3. 加大对民俗民间体育器材、场地的资金投入

民俗民间体育项目对于器材有一定的依赖性，其场地有着随意性，但是器材的缺乏将直接制约着民俗民间体育的开展。因此，学校应该加大对民俗民间体育器材投入，多元化利用学校现有场地，保障民俗民间体育教学顺利进行。

（四）民俗民间体育走进校园的非物质层面的活态传承

1. 突破学校体育课程设置西方模式的束缚

众所周知，我国学校体育课程长期是按照西方体育教学模式量身定制的，学校体育课程设置主要以西方的田径、体操、篮球、排球、足球等奥林匹克项目为主，而我国众多优秀的民俗民间体育项目没有走进校园，我国优秀的民俗民间体育项目被挡在了校门之外。因此，我们要摆脱西方竞技体育模式的束缚，认清民俗民间体育的多样性、民族性、实用性，以及民俗民间体育进入学校的重要性和必要性。要解放思想，突破传统的学校体育的观念，让一些民间民俗体育项目进校，去充实学校体育的内容，走民间民俗体育与现代化体育相结合的道路，这也是我们发展民俗传统体育的必要之路。

2. 提高民俗民间体育文化自信心

中国的民俗民间体育作为中华民族传统文化的重要组成部分，有着悠久的历史印记和丰富的传统文化烙印，它深深扎根于中国民间的土壤，有着顽强的生命力，中国人对其有着浓浓的民族感和文化认同感。但西方现代体育的强势入侵，中国的民俗民间体育文化就逐渐淡出主流，国人对民俗民间体育文化的自信心减弱。因此，近年来国家比较重视传统文化的发展，在此文化多元化发展的空间下，民俗民间体育的发展有了很好的机遇。在此背景下我们要增强民俗民间体育文化的自信心，推动我国民俗民间体育向前发展，为民俗民间体育走进校园提高自信心和源动力。

3. 健全政府机构，加强各有关部门的管理职能

现阶段，政府有关职能部门对民俗民间体育工作不够重视，监管力度薄弱，传承发展措施缺乏全面性、发展性，组织流于形式，缺乏有力措施促进民俗民间体育走进校园作为体育课程。因此，政府部门要加大对传统民俗体育的扶持力度，各级体育行政主管部门应完善管理机制，加强对民俗体育的挖掘、整理，采取有效措施保障民俗民间体育稳步走进校园，使其成为民俗民间体育的活态传承。

在社会转型期，民俗民间体育生存与发展空间逐步被蚕食，但是对民俗民间体育的传承和保护力度在逐渐加大，而学校在民俗民间体育活态传承和发展中扮演着重要的角色。学校体育应树立起多元化的文化形象，使更多的民俗民间体育走进校园，开辟新的传承路径，走向更科学化、系统化、规范化的发展之路，而实现民俗民间体育的活态传承。

在党和政府大力倡导传统体育项目进校园的背景下，在我国推行的“国家、地方、学校”三级课程管理模式的体育与健康课程改革过程中，在国家课程权力下放、校本课程建设成为当前课程改革致力推行的管理模式的前提下，将传统体育引进学校、引进课堂，使其教材化、校本化，以增强体育与健康课程对地方、学校、教师、学生的适应性，从而进行合理、有效的校本课程开发。

当前，校本课程开发是学校体育与健康课程改革取得成功的一个关键环节，是学校体育课程建设的重点。为了对学校体育课程改革进行有效推进，对传统体育资源的开发与利用显得尤其重要，传统体育校本化是特色体育校本课程建设的主要内容。体育教师是校本课程开发的主体，应大力收集，整理和挖掘传统体育课程资源，将传统体育与学校体育教育有机结合，建立适合于本地区特点的体育与健康课程体系，为推动本地区学校体育与健康课程改革，弘扬传统体育文化而做出应有的努力与贡献。

独具特色的校本课程，为帮助学生学习掌握体育知识与技术，提高体育文化素养及身体质量，起到积极的推动作用。为此，应结合各地区实际，对学校体育与健康课程内容资源进行有效的开发研究，将其丰富的传统体育活动及便于在体育教学中开展的体育项目，按竞技、娱乐、健身等分门别类地加以改进，引进教学。有的以游戏的形式，使其成为课程的辅助教材；有的以分组轮换的形式，使其成为课程的主要教材；有的以“课课练”的形式，使其成为素质教材，使丰富多彩的传统文化通过体育教学在学校得到有效传承。体育资源校本化，需从实际出发，重点突出地方性、民族性、教育性、健身性、娱乐性、安全性，结合地区学校的实际和可能，将便于开展的、群众喜闻乐见的项目引入学校，编入教学内容体系，将传统体育文化与学校体育课程资源有机结合，形成独具特色的学校体育校本课程。努力做到既有趣味又能锻炼身体，既培养学生的民族热情，又能培养学生养成终身体育锻炼习惯。

传统体育进校园，除利用体育课进行有效传承外，在课外体育活动中有较大的活动空间，特别是在党的“全国亿万学生阳光体育运动”的精神指引下，在确保学生每天锻炼一小时的背景下，传统体育成为地区学校特色校园体育文化活动的主要内容。地区学校较好地利用体育文化元素，开展好课外体育活动，从而丰富校园文化生活，使学校以独特的体育文化活动形式产生良好的社会影响。对此，课外体育活动内容从街舞、到竞技运动项目，再到多彩的传统体育活动，都体现出浓厚的校园体育文化娱乐色彩，特别是传统体育活动内容的引入，彰显出学校体育的传统特色。为此，当地学校根据学生的兴趣、爱好及学校的场地器材和师资力量等条件，选择适合于在学校开展的传统体育活动项目，同时进行创编、改编与整合，既体现了民族元素，又注入了时代气息。同时，可以激发学生的参与热情，张扬学生个性，使学生形成勇于拼搏、积极向上的高贵品质，有效提升与增强学生的团结协作精神、集体荣誉感和民族自豪感，从而对营造健康、和谐的校园体育文化氛围产生较大影响。传统体育文化与学校课外体育活动有机结合，既丰富校园文化生活，又使传统体育文化得到有效传承，还能使学校以独特的体育文化活动形式产生良好的社会影响。

传统体育文化进校园在我国已形成良好的发展趋势。我国各地区的不少高校已成立了研究所，建立了传统体育重点学科，开设了传统体育课程，建设了传统体育精品课程，在部分中小学建立了体育实验地。展望未来，传统体育文化的传承将在祖国的大地上，在学校体育与健康课程资源的开发性研究过程中得到发扬光大。

二、传统体育的休闲创新发展策略

休闲是文化的基础。事实证明，从古至今在中国文化的演进史中，休闲始终作为一种亚文化形态传承主流文化，充当主流文化进入人们精神世界的途径，从而铸就一个国家的核心价值观。休闲，历来是人类文化中的重要组成部分，是民生国计中必须关注的领域。就目前休闲体育的发展状况来看，体育休闲传承的文化与中华民族传统的核心价值观存在差异。

体育的发展必须与社会的发展同步，满足不同时代的需要，才能实现自身的传承与发展。当前市场经济体制下衡量体育文化的标准主要是这种文化是否能够满足人们的需要，这是市场经济对各行各业的要求。中国的传统文化与市场经济存在较大的制度和文化鸿沟，只能在渐进的制度改革中逐步完善市场制度，使人们的意识、文化在这个渐进的过程中逐渐与市场经济相适应。休闲时代的来临，传统体育文化理念的转换对体育文化有了新的需求，同时也为传统体育文化的发展提供了新的契机，那么，如何创新发展传统体育文化呢？

（一）把传统体育文化纳入体育产业发展的轨道

我国民族文化历史雄厚，体育文化博大精深，有许多有价值的内容等待开发，在当前国际金融危机的国际形势下，抓住发展体育文化产业的经济点，借我国发展文化产业园之东风，利用现代化手段，打造传统体育文化精品，既满足人们的文化需要，又能挖掘新的经济增长点，传承与发展传统体育文化，可谓是一举多得。

（二）重视传统体育传承与发展的社会分层

现有的研究成果多关注传统体育自身的现代化改造，而忽略了传统体育的受众及行为主体的关怀。传统体育的民族性、地域性、时代性、文化内涵的多元性等决定了其传承与发展方式的不一，为传统体育的发展带来一定难度。据此，在传统体育的传承与发展中要考虑我国社会人口的复杂多样性，不同地域、年龄、性别会有不同的体育文化需求，传统体育的传承与发展要以人为本，考虑不同人群的体育需求的差异性，不能为了传承而传承，为了发展而发展，脱离了主体，反而会事与愿违。就地域性方面：原生态的传统体育在现代社会仍然离不开它世代沿袭的生存与发展的土壤，对传统体育在农村的传承与发展、在摒弃封建落后愚昧因素的前提下，可以实现最大可能地保持它的原貌；对传统体育在城市的传承与发展，要更多地发展与创新，根据城市不同人群的身心发展特征及其需要，对传统体育项目进行简化，使之操作简便，增强其娱乐性、实用性，从而被易于接受。

（三）探索传统体育未来发展形态

形态，指事物在一定条件下的存在形式和表现状态。传统体育形态是传统体育的形式和内容在社会实践基础上的具体的、历史的统一。就其外延而言，传统体育形态又可以表现为多样性和多层次性。就其内涵而言，传统体育文化内涵博大精深。传统体育的发展要符合社会实践的内在逻辑，游离于社会实践之外而奢谈传统体育的传承与发展是没有意义的。传统体育的现代化改造要以满足各类人群的需要为导向，创新与发展传统体育的不同形态，满足不同时代各类人群的需要。体育文化中的“多元”形态的并存并不排除在一定历史时期的主流和共同的体育文化精神的存在，但这往往要经过一段时间的激荡和融会，孕育和生长才能水到渠成，这一过程将是漫长而痛苦的。

（四）传统体育文化多样性的实践途径

传统体育文化多样性的实践途径离不开政府的支持和引导，政府不仅不能决定一个民族的文化，反而受到文化的制约。但政府可以通过其权力影响文化前进的方向——朝好的方向发展或者朝不好的方向发展。传统体育项目众多、分布广，任何一个组织和个人都无法单独承担起保护和继承传统体育这一重任，而政府部门是唯一能够做到也是应该做的机构。事实也证明，凡是传统体育开展得好的地方，通常都是能够得到当地政府大力支持的。各级政府尤其是体育职能部门应该真正做好引导和支持工作，定期组织各种各样的传统体育赛事，有效地将传统体育项目应用于全民健身活动、融入当代休闲体育文化建设、社会主义和谐社会和社会主义新农村建设中去，并使之纳入全民健身和文化娱乐的轨道，变群众自发地开展传统体育活动为政府支持和引导。与此同时，选择合适的传统体育项目作为各类学校体育教学内容，推动传统体育项目在学校的广泛开展和普及，形成良好的群众基础，为传统体育项目的进一步推广和发展积极创造条件。具体来说，在实现传统体育文化多样性的实践中，政府应当：

1. 处理好传统体育文化的世界化与个性化的关系

在经济全球化带动文化全球化的今天，一个民族要立于世界民族之林，就传统体育文化而言，如果不与世界体育文化的发展大道接轨，只能走向褊狭和枯萎；当然传统体育文化的精神产品如果失去了特色与个性，也不可能对世界文明的宝库做出贡献，对世界文化也就失去了价值。其个性化水平越高，对世界文化的贡献也越大。

2. 传统体育文化研究必须从封闭走向开放

这种开放有两个测度或维度：一是世界化；二是个性化。我们应在世界体育文化的范围内提高传统体育文化研究的使命感。当代传统体育文化的对象域和使命域都要走向世界。传统体育文化的世界化恰恰是市场经济的要求，而达到世界化的途径就是个性化。当今世界体育文化中有影响的体育文化都是个性化的体育文化。在面对全球化、世界文化多样性背景下，注重传统体育文化自觉与创新是其生命力之根源，提倡“和而不同”的文化观是要有自己根基和诸多生成因素的。先进文化的诞生离不开传统文化的丰厚积淀，也必然会在长期的历史发展中逐步形成自己的传统风格和民族文化特色。事实上，世界上许多国家都保留着自己国家的体育文化传统。因此，确立民族文化复兴的远大目标，形成精神凝聚力与自信心，提高整个国家在全球化进程中的主体性、能动性、创造性，成为现代体育文化发展和创造先进文化的重要内容。同样一个道理，传统体育文化创新，是传统体育进步的灵魂，是传统体育兴旺发达的不竭动力，也是传统体育永葆生机的源泉，还是传统体育文化保持先进性的体现。当前我们要扫除类似盲目排外、全盘西化、唯我独尊和许多旧意识形态的条条框框和所谓的“规范”等妨害传统体育文化的创新能力和自觉行为的不良因素。同时，要求进行创新，培养自己独特的“个性”，为世界体育文化多样性做贡献。传统体育文化代表中华民族的传统思维和表达形式，是传统体育文化代表自成一体的独特的和不可替代的体育价值观念，只有强化这种文化意识，突出民族特色，才具有强大的生命力。如果传统体育文化失去了文化的独立性，那就只能沦为西方体育文化的附庸，保持传统体育文化多样性就更加无从谈起。事实证明传统体育文化的个性化水平越高，对世界的影响力就越大。我国传统体育文化既是民族的，又是世界的。传统体育文化要走出国门，走向世界，就要在国内站稳脚跟，创造传统体育文化品牌，才能开拓更大的国际体育文化市场，屹立于世界体育文化之林。

3. 实现传统体育文化传播手段的创新

当代社会实践显现出这样一个矛盾性的特征：一方面是科学技术的突飞猛进为社会创

造了前所未有的现代物质文明，人的主体性日益增强；另一方面则是“全球问题”给人类带来的生存与发展困境和人的精神困惑与迷惘。文化是国家和民族的灵魂，集中体现了国家和民族的品格。在物质生活无忧，文化精神起到重要作用的今天，社会迫切需要反思自己的文化方向和价值引导，迫切需要反思自己营造的文化氛围以及担负的文化传播责任。

中国体育经历了生物体育、政治体育、文化体育到人文体育的认知过程，回归以人为本的价值理念，这与传统体育文化所蕴涵的“天人合一、以人为本”的基本精神是一致的。我国传统体育内容丰富、形式多样，蕴涵着深厚的人文价值，对提高我国各民族人民健康水平、构建文明和谐社会都将发挥重要的作用。传统体育文化中诸如“习武先习德”的伦理道德观念以及哲学思想对年轻人都有很重要的教育价值。我们应当抓住时代发展的契机，做好全方位、多角度的传统体育的传播，充分挖掘传统体育文化的精神价值，满足各类人群的体育文化精神需求，同时也能实现传统体育自身的传承与发展。

城市社区是另一种休闲创新的代表。城市化改变了中国社会的经济基础、人口结构、职业结构、人际关系和意识观念，加速了中国几千年传统农村社区的衰落，促进了现代城市社区的兴起与发展。现代城市社区就是指在城市特定区域内，以一定数量的人口为主体，在居住过程中形成的一个个具有特定文化、组织机构、生活方式的地域性生活共同体。现代城市社区已成为各地区传统体育文化的载体，它与传统体育的发展也有不可忽视的关系。

（1）城市社区的发展为传统体育的传承和创新提供了新的空间和舞台

城市社区的发展不仅仅是人口的迁移膨胀、经济的转型发展，还是整个城市社会的转型，它将带来城市社会、经济、人口、文化等方面的深刻变化，并必将折射到体育领域。在这个背景下，应该说现代城市社区发展为传统体育文化的发展带来了新机遇。

（2）城市社区是历史文化特色传承和创新的新根据地

城市化是传统文化赖以生成的根基，城市周边的村落在发展中不断融入城市，大量的农业人口不断涌入城市，城市社区得到壮大并成为传统体育文化的新载体。一方面原城市附近村落本土传统体育文化，在其村落转化为城市社区的过程中并未失去其生存的土壤，如乡村本土文化养育的农业人群在城市社区定居生活，拓展了其原有的传统体育文化新的生存空间，城市的快速扩建扩容使部分农村地域的传统文化的整体迁移成为可能；另一方面，城市基础设施的健全和人口的膨胀使该城市地域传统体育文化、现代体育文化和外来体育文化在城市社区发生碰撞和交流，传统体育文化在各种文化的交融、吸纳、共生过程中得到传承发展。

（3）传统体育文化在城市化进程中生存发展的现实需要

城市社区体育本身是一种文化媒介，也是传统体育文化在城市社区的新形式。城市社区体育作为当下人类文化活动的重要组成部分，应充分发挥其在传统文化传承中的传统性与现代性相统一的作用，这样才能体现人类智慧的创造性。

（4）现代城市社区体育烙上了传统体育文化的烙印

我国现代城市社区体育不仅吸纳了本土化的现代体育，更是传承、发展了传统体育。如在北京，抖空竹、踢毽子、打太极拳仍然是社区居民体育活动的一些重要内容；在西南地区的中小城市中，古老的鼓舞已逐渐演变为城市居民自娱自乐的重要健身手段；摆手舞作为节日体育文化已经逐渐演变成为当地城市居民的日常体育活动。

（5）传统体育文化的发展促进了城市社区建设

城市社区建设主要包括以下六项内容，即社区服务、社区经济、社区管理、社区卫生、社区教育、社区文化。社区体育是社区文化、社会服务的一个重要内容。加强社区体育建设能够促进社区文化的发展，满足社区成员广泛的社会交往与参与需求，提高社区成员的身体素质和健康水平。科学合理的城市社区建设应以经济、生态和社会、文化的可持续发展为目标。

（6）传统体育文化的发展必将全面促进城市社区建设

一是促进城市社区体育基础设施建设，以满足社区居民日益增长的体育健身需求；二是以居民体育需求为切入点，以居民喜闻乐见的传统体育活动为平台，以增强居民的社区归属感、认同感和凝聚力为目的，提高社区体育服务水平，促进城市社区的全面发展；三是有利于提高现代城市社区文化的品位，传统体育文化滋养的城市社区体育文化具备强劲的吸引力、发散力，借助现代城市社区将传统体育文化与现代城市社区生活方式有机地融合在一起，创造独特的地域城市社区体育文化，有效地提高城市社区的文化品位。

（7）在现代城市社区建设中整合传统体育文化

城市社区的发展承载着文化发展和经济发展的双重任务。旧传统要被新的时代所接受，必须经过再设计、再定位、再解释等创造过程。中国传统体育文化同中华传统文化一样博大精深，源远流长，将传统体育文化融入社区文化之中，融的是理念、融的是精神、融的是精髓，而不仅仅是传统体育活动的形式，更重要的是秉承隐藏在这些形式背后能够真正体现传统精神的本质。要探寻蕴含其中的历史文化信息，从而有选择性地继承与发展。

我国传统体育主要由以强健身体和斗智斗勇取胜为目的的竞技项目、和以叙事及表达情感为出发点的体育舞蹈所构成，各地区传统体育在弘扬民族精神和练就强壮体魄的同时，有娱人、娱神和自娱的功效。在现代城市社区体育中，扭秧歌、踩高跷、踢毽子、中华武术等传统体育项目依然在广泛开展。也许这些传统体育活动的形式在一代又一代的传承中已有别于其原始形态，但中华传统体育文化之精神代代相传。

对于城市社区建设者和研究者来说，有责任了解传统体育文化的现代价值，创造性地开发城市区域传统体育文化资源，将地域传统体育文化的一些重要元素融入该区域城市社区文化的建构之中，使城市社区成为培植传统体育文化的土壤，促使现代城市社区成为传统体育文化传承的新载体，从而实现体育文化的现代化，让千百年来生生不息的传统体育文化资源在新的载体中焕发生机活力。

（8）在中西文化的碰撞中重构传统体育文化

在全球经济一体化的背景下，许多传统体育活动在被边缘化甚至在走向逐渐消亡。这主要与中国在现代化过程中把西方体育作为体育现代化的标准分不开。然而，从近百年来中华文化的发展轨迹深刻说明，传统文化和现代文化、本土文化和外来文化、经济开发和文化发展，双方并不始终是相互对立、相互排挤的，有时恰恰相反，彼此是相互依存的对立统一的整体。我们不应该总是从二元对立的角度，看待不同体育文化的交流与整合。传统文化创造性的传承和发展，往往是以吸收外来文化的先进因素为前提的，各地域体育文化的鲜明特征往往是在同其他各地区传统体育文化的互动中才得以凸显，在同现代西方体育文化的比照中，更深刻地实现体育文化的自觉。

近年来，国家有意识地制订政策对中华传统文化进行保护。尤其对中华文化遗产的保护使传统体育文化也得到保护和弘扬，如全国性的传统体育运动会、单项赛等，而龙舟、舞龙、耍狮、秧歌、秋千等传统体育项目经过现代体育形式的改造，不仅流行于中国农村和中国城市社区，甚至已经流传海外。

（9）城市社区群众的现实需要是传统体育文化传承的方向

在人们社会实践中，体育文化也不断新陈代谢，不断丰富，人们也在改变着对它的价值功能的认识，不断吸收新的手段方法。传统体育文化的现代转型以及同外来体育文化的交融整合成为传统体育文化走向新生并得以延续的一种有效方式。

首先，各民族广大民众是传统体育文化最主要的创造者和传承者，将传统体育文化融入人们的人生旅程和日常生活中，使之成为人们一种独特的体育生存方式，是传统体育文化得以代代相传、发扬光大的根本保证。当前我国传统体育文化的传承要更多地站在人类学的立场，立足于当下的生存境况与精神世界，激发广大群众的文化自觉，改善广大民众的生存环境，提升广大民众的精神境界，立足于城市社区这一传统体育文化生存的现实土壤，以此作为制订体育文化传承方案的出发点和落脚点。

其次，不能仅仅以源于西方的体育文化或以奥运为代表的现代体育作为城市社会发展指标和体育文化的唯一标尺，以此来指导中国体育文化变迁的方向。不能生硬地扭曲传统体育所表达的精神境界和人生价值，更不能为了使中华传统体育项目成为奥运比赛项目而人为地改变传统体育的审美旨趣。在运动项目的选择上，只有把握体育活动的文化寓意，才能体现出不同地域的风俗文化和精神；在组织形式上要体现该地域文化中的人情味、乡土味和自然味；结合地域特点选择项目和组织形式，使不同的城市社区具有可识别性的传统体育文化标志，在变化发展中使传统体育文化得到传承和推广。

最后，传统体育文化传承应该以追求社会的和谐为目标。在城市化加速的中国，各地区经济发展不平衡，地理环境、地域文化差异显著，城市社区生活方式必然有很大的差别。我国经济、社会以及传统文化发展方向的设定，就是追求社会的和谐。城市社区开展更多贴近居民、贴近生活的体育活动，使社区居民受益，使人们在健康文明的社会文化环境中生活，体验生活乐趣，实现城市社会的可持续发展。因此，国家应保障不同区域居民的体育教育权和平等权，为各地域居民提供基本的体育设施（体育场地），帮助引导社区体育组织的建立和建设高质量的精神生活，努力实现城市民众生活充实、和谐、安详的愿望。

城市化、现代化是国家繁荣昌盛的必由之路，每个繁荣昌盛的国家都应保存自己优秀的文化传统和基本特点。我国在迈向城市化、现代化的征途中，传统文化的积淀出现了萎缩，传统体育的传承后继乏人。因此，促进传统体育文化在现代城市社区的传承有必要采取以下措施：

第一，加强传统体育传承保护的法律法规建设，确立和保障传统体育文化在城市体育文化发展中的基础地位，保障传统体育的发展和文化的传承。

第二，发挥舆论和媒体的教育引导作用，激发现代城市社区居民的“文化自觉”。这一概念也可以适用于体育文化，使其既能发挥原有文化特长，又能通过转型取得适应新环境、新时代文化选择的自主地位。

第三，加强城市政府对社区体育的投入。对传统体育文化的保护主要应由文化部门引导当地的人们来完成，在加大国家投入力度的同时，吸引社会资金对传统体育文化进行挖掘和开发。在社区落实传统体育文化保护的设施，如在社区成立保护体育文化的专业协会，开展各地域传统体育的表演和传承活动，举行社区间的传统体育竞赛，在公园、广场利用传统体育活动来进行健身等，使传统体育文化成为“活”的文化为人们服务。

第四，加强校本体育课程开发与建设，推进体育文化的传承，体育校本课程开发就是对本土的传统体育资源进行选择、改编、整合、补充、完善和拓展，以满足学生的需要和兴趣爱好，达到充分发挥传统体育强健学生身体，同时通过学校体育课程的形式使民族文化、民族精神得以传承。传统体育进入城市社区中、学校体育教育，使跳动着时代脉搏也传递着传统文化精神的体育文化代代相传、生生不息。

休闲正在成为时代的主旋律，从生活方式角度看，休闲已成为居民生活的一种常态。在休闲时代开展体育活动，其重要特征是满足人们的个性需要，提供多样化的运动休闲元素。中华民族幅员辽阔，且地质地貌千差万别，生物样态丰富多彩，这也造就了中国传统体育项目千姿百态，在休闲时代凸显出文化多样性的特征。顺应时代潮流，将蕴含悠游特征的传统体育融入居民的休闲与生活，彰显传统体育的文化多样性，吸引现代人向乡野复归，这才是传统体育的魅力。

三、传统体育文化的立法保护创新

我国现有行政法规文件法律效力较低，针对传统体育文化的保护专项立法建设不容乐观，以及相关法律条款缺乏一定的可操作性。传统体育文化保护的立法不足，亟待相关机构在借鉴相关法律制度的基础上，加快其立法保护进程，制定具有强制性、专门性、可操作性的法律条款。

在过去几年国内社会各界的讨论中，人们所关注的非物质文化遗产保护都是“权利”模式，即公权保护模式和私权保护模式，也称义务模式和权利模式。虽然上述两种立法保护模式的保护对象看似重合，但在立法性质和关系上有着本质的不同。正是两者之间存在的差异性，使传统体育文化的立法模式难以定位。

要立法保护传统体育文化，首先需要解决的便是权利的归属问题，即要明确传统体育的权利主体。实际情况中，大多数传统体育技艺和器械的创作主体并不是确定的。虽然最原始的创作者可能是个人，但是在不断的历史传承和区域传播中，传统体育不断地受到后人的再创造，造成此项运动的个人主体特征逐渐淡化、消失，成为共有的文化财产，由此体现出来的是一个群体或区域的风格、智慧、情感或艺术造诣。在司法实践中正是由于传统体育缺乏个人主体特征，造成其产权归属难以确定，谁来主张、行使和维护其权利便成为立法的难题之一。由于传统体育文化特殊的非物质表现形式，在实施认定和保护范围上存在难以标准化和统一化的问题，造成无法有效地实施法律保护。由于传统体育文化及其表现形式是世代相传，不断加工、改造而得以传承至今的劳动成果，如健身技艺、制作工艺、民间传说和表演艺术等，其成果的原创性特征根本无从体现，因而造成现代知识产权制度无法适用于传统体育文化的保护。传统体育文化历史悠久，经历了长期积累和传承而得以延续，远远超出保护期限的限制，因此传统体育难以适应著作权保护的期限要求。但传统体育是在一代又一代的流传中对其不断地加工、补充和完善，可以说每一个历史单元都是传统体育文化的创作时期，权利主体也永远不会消亡。若根据《著作权法》的规定，对传统体育也加上一个确定的保护期限，那针对传统体育的保护成了明确保护期限中的一个难点。

（一）传统体育文化保护的总体方针

为了继承和弘扬传统体育文化，有关部门应积极吸收、借鉴国外体育立法的成功经验，以完善我国传统体育立法体系。传统体育文化进行立法保护，应坚持政府主导、社会参与，贯彻保护为主、抢救第一，合理利用、传承发扬的方针。各级人民政府应当加强对民间传统体育文化立法保护工作的指导，将立法工作列为重要议事日程之一，同时，通过宣传、教育和培养，增进人们对传统体育文化的尊重，发动全社会的力量参与其保护工作，使任何机构和个人都具有保护民间传统体育的意识和责任。部分民间传统体育被非法使用甚至是破坏，“人亡艺绝”的现象较为严重，亟待挖掘、整理和抢救；对传统体育的保护不代表将其封闭、与世隔绝，而是要采用合理的传播方式为世人所认识和利用，通过鼓励、支持境内外个人和机构，展开传统体育文化保护工作的合作和交流，才能使其生生不息、走可持续发展的道路。

（二）传统体育文化保护的立法原则

第一，要体现主体权利的意志。捍卫文化多样性和体现主体权利的意志密不可分，必须重视不同社会群体对文化的合理需求和主张，特别是少数人群体的相关权利。因此，尊重传统体育文化主体权利的基本人权，是立法设计要考虑的问题。

第二，要平衡各方权益。保持利益平衡是任何一项法律制度的使命。传统体育文化的权利主体较为复杂，不仅涉及民族、社区、个体的利益，也涉及国家的利益、社会的利益；有使用者的利益，也有创造者的利益。使用方（研究、商业和传媒机构等）在对特定传统体育文化进行利用、获得经济效益的同时，应给予归属方（国家、民族、传承人）一定的经济补偿。然而，在利益关系和分配复杂性的情况下，各利益主体之间可能会产生不同程度的冲突和纠纷。因此，立法应统筹考虑各方利益主体之间的关系，明确谁来分配和监管利益以及分配的方式和标准等，最终使利益分配达到相对均衡的状态。

第三，要现实性与可持续性。《著作权法》《专利法》和《商标法》等我国知识产权法律制度，主要是致力于推动现代社会新技术和新作品的产生，从而促进知识创新和经济发展。就文化可持续发展目标而言，立法不应仅限于传统体育文化的现实发展，而是应该从当代人和后代人的利益考虑，立足保持其文化的原生态性和多样性，对其予以承认、利用和保护，保证其可持续发展。

第四，要权利和责任相统一。权利和责任历来都是对等的。传统体育文化保护中关于权利和责任的统一，主要是针对权利主体的行为做出的规范性的要求。在对传统体育文化立法保护时，不但要赋予权利主体相应的权利，而且要明确规定应尽的责任，构成违法行为的，必须要承担相应的法律责任。

（三）传统体育文化保护的模式

当前大多数学者探讨传统体育文化的保护模式，主要在公法和私法的保护框架下进行研究，并且从互补和融合角度上，来解决传统体育文化保护模式难以选择的问题。从国际经验来看，世界知识产权组织（主张私法保护）和联合国教科文组织（主张公法保护），在非物质文化遗产保护模式上各自有着不同的主张。但两个国际组织在该领域开展合作，联合召开了一系列会议，共同推出《保护民间文学艺术表达、防止不正当利用和其他侵害行为的国内法示范条款》。此后，联合国教科文组织出台了《保护非物质文化遗产国际公约》。通过比较文本内容，不难看出两者的保护对象亦有相当的重合，但这并无碍两者各自主张的立法价值，对非物质文化遗产而言，公法保护和私法保护完全可以并行不悖。因此，运用公法和私法保护传统体育文化是必要的，也是可行的。但是在具体的立法内容设计中，要将私法保护与公法保护的立法主张融入一体，其制度设计的科学性需要仔细斟酌，必须注意彼此间的衔接、兼容和适应，共同致力于传统体育文化的保护。传统体育文化立法模式应注意：明确定位立法保护模式和建立知识产权特别保护模式。

鉴于传统体育文化的传承性、公有性和文化性，其立法主导思想应以挖掘、整理、保存和弘扬为主，政府在制定和实施法律条款方面应起到主导作用。其次，应是在对其进行合理利用的基础上，发展文化产业和形成经济效益。因此，传统体育文化立法模式的定位，应是公法模式为主兼顾私法模式，不仅要体现出权利主体在传统体育文化保护中的职责和义务，而且要指出权利主体的权利和责任，以及在违反相关规定所要承担的相关法律责任。传统体育立法保护本土化并不是摈弃现有知识产权制度，而是要重新解释现行协议，制定非约束性条款，即以“特殊”规则弥补《知识产权协定》内容中出现的不足。同样，针对民族传统体育文化保护中，诸如权利主体、保护期限、保护范围、创新性等难以解决的问题，可建立特殊性的法律条款，完善上述制度的不足。

（四）传统体育文化保护的客体性

出于对传统体育文化保护的全面性和紧迫性考虑，凡是目前仍在流传、具有特色和传承价值的传统体育文化均可作为立法保护的对象。为了便于传统体育文化的认定，传统体育文化必须要符合以下三个标准特征，即传承性、民族性和体育性。通过世代传承，传统体育记录、反映和承载了一个国家的历史发展过程和文化特征，有着重要的传承价值；在现代社会，正是利用传统体育独具特点的文化特征和表现形式，才被开发作为商业表演、传统工艺品和文献资料版权使用，由此也产生了可观的经济效益；体育性，传统体育文化必须通过个人或群体的身体活动（走、跑、跳跃、投掷、攀登、爬越等）才能表现出来，是以健身强体为主要目的的身体活动技能及其表现形式，是区别于其他传统文化最显著的特征。传承性、民族性和体育性是传统体育文化的本质属性，诸如物质性、健身性和财产性等属性都是在此基础上的延伸，因此，只要符合上述三个特征就可属于立法保护的客体范围。传统体育文化保护期限的认定，我国规定：国家保护民间传统文化的知识产权，保护期限不受限制。然而，为了进一步研究、传播和发展传统体育文化，可根据不同的客体权利制定不同的特殊保护条款。如传统体育文化的署名权、修改权和保护作品完整权等权利，属于著作权中的人身权，上述权利的保护期应不受限制；而发表权和使用权等属于著作权中的财产权，保护期可为作者终生及其死后 50 年，以供对其进一步研究和使用。上述传统体育文化认定方式，一定程度上弥补了知识产权制度在对其认定方式上的不足，避开了由于分类不清晰和保护期限难以划定，而导致无法有效实施法律保护的问题。传统体育文化表现形式的保护可以从真实性和完整性两个方面进行保护。

我国将坚持保护非物质文化遗产的真实性和完整性。“真实性”是指反映事物真实情况的程度。传统体育文化真实性保护是指在挖掘、整理和传播的过程中，要保持其原本、最初的文化形态和基本内容。进入 21 世纪，表演和体验传统体育成为各个民俗村、农家乐、乡村休憩俱乐部吸引旅游客源的主要手段，但在对其进行市场开发的同时，明显存在未反映和失真地表现其文化内涵的现象，譬如：用于表演和体验的运动项目，明显与其原始的传统体育文化特征不符，同时，存在对其来源和身份采取弄虚作假、误导性声明或不承认等不正当利用行为。长此以往，缺少传统文化内涵的商业活动失去了市场竞争力，更为严重的是，造成人们对传统体育文化的错误认知。因此，需要通过法律手段解决上述问题：一，禁止随意使用和开发某一特定的传统体育而未注明其归属群体和地区，从而保护其署名权；二，禁止以歪曲、篡改等手段赋予不同的意义而并入另一类文化中，从而保护其修改权；三，禁止贬损某一特定传统体育文化及其民族和区域声誉，从而保护其名誉权。完整性保护。物质文化遗产和非物质文化遗产都是祖先留下的宝贵财富，都是中华民族精神情感的衍生物，是同源共生、休戚与共的文化整体，不能将二者割裂开来。由此说明，物质性和非物质性基本构成了某一特定传统体育得到文化认同、精神传承的完整内容。从传统体育文化的表现形式分析，不仅是一种身体文化技能，而且包括与之相关的生态环境、价值观、传统习俗和信仰等内容。如一些传统项目，除了是一种健身、娱乐、表演项目，而且蕴含和展示着独特的精神内涵，明显带有道德教育等文化痕迹。因此，立法保护应是针对传统体育所拥有的全部内容或形式，不仅要顾及技术技能层面的认定与挖掘整理，而且要保护其传统体育的精神内涵与文化空间。以上行为一旦发现和查明即构成侵权行为，将依法受到惩处，主要包括停止相关活动、恢复名誉、公开道歉、没收非法所得、赔偿损失等内容。

（五）传统体育文化保护的权利主体和责任

国家文化、教育、科研和体育等政府机构自身可作为权利主体（或义务主体），行使使用权、许可使用权、收益权和追究权等相关权利。同时，国家可通过出资、委托、授权等方式使个人（传承人）和权利代管机构成为权利主体（或义务主体）。文化部以部长令的形式郑重发布了《国家级非物质文化遗传项目代表性传承人认定与管理暂行办法》，从政策法规方面，确立、保护和发挥传承人的作用。文化部正在通过建立民族、民间文化传承人（传承单位）的认定和培训机制，通过采取资助扶持等手段，鼓励民族民间文化的传承与传播。因此，传统体育文化传承人的资格认定、义务和权利等方面，需要制定相应的法律规定。

传承人的认定。符合下列条件的公民，可以申请或被推荐为传统体育文化的传承人（专有权人）：在当地被公认为具有一定声望、技艺精湛、积极开展传承活动的人，通常只有本人及其关系密切的人（徒弟、亲戚）独有的特殊运动技能，或是掌握某种传统体育器械制作工艺的人。除此之外，部分个体人员虽然与某一特定传统体育并无直接族源关系，但是，由于他们对传统体育的挖掘、整理、传播等工作做出了突出贡献，且自身具备一定的技艺和传艺能力，因此，他们也可被认定为传承人。同时，相关认定部门应当对传承人的资格进行定期评估，不具备审核条件的应撤销或暂缓其传承人的资格。传承人的权利和义务。传承人具有保护传统体育文化的义务，具体包括：向他人提供和展示传统体育资料、技能、实物等文化形态的义务；具有组织和开展讲学、传艺和研究工作活动的义务，并获取报酬的权利；具有积极培养下一代传承人或专门传承人才的义务；具有及时向有关部门反映肆意破坏和非法利用传统体育文化现象的权利；具有向有关政府部门申请传承活动专项资助的权利；严禁向境外的组织和个人转让衍生作品的著作权。

在《非物质文化遗产保护法》中，明确提出国家和县级以上人民政府对保护、保存非物质文化遗产的诸多规定。因此，在传统体育文化立法体系设计中，亦应明确政府的主导作用和具体职责。国务院文化主管部门应当组织制订保护规划，组织和管理传统体育文化的调查、整理、发掘和保存工作，以及传统文化的展示、交流活动；监督传统体育文化的保护、管理和利用情况；宣传贯彻传统体育文化保护法律，督促相关单位和个人履行相关法律规定；各级人民政府应当将传统体育文化保护工作纳入本级区域发展规划和财政预算中；建立传统体育代表性项目名录和传承人的审定机制。

由于传统体育文化保护工作的实施，涉及文化、教育、体育、公检法、版权等多个管理部门或机构，单个部门执法无法及时有效地保护传统体育。因此，应联合以上相关政府部门，相互协调，分工明确，共同致力其保护工作。文化、教育和体育等部门主要负责挖掘、整理、保存、传播传统体育文化；整理出的资料、技能和实物等，应汇交于各同级相关主管部门，用于进一步的研究、推广和司法保护等工作；公检法部门主要负责接受和审理传统体育文化的侵权案件，获取侵权证据、责令禁止侵权行为、判定侵权范围和等级等；版权部门主要协助公检法部门，负责侵权线索的收集、技术鉴定和相关信息咨询，以及传统体育文化的规范性利用等。

现实中，个体人员（传承人、专有权人）由于法律知识有限、维权意识不足和诉讼实力单薄等问题，仅凭个人的力量保护传统体育文化稍显不足。著作权制度是一种信托管理方式，管理机构可视为权利人的利益依法设立，根据权利人授权以自己的名义对权利人的著作权进行集体管理的社会团体。因此，为弥补和完善权利主体的职责，可建立除政府和个人以外的第三方权利代管机构。

《保护非物质文化遗产条例》规定：鼓励、支持社会团体、研究机构、大专院校、企事业单位和个人等社会各方面力量参与非物质文化遗产保护工作。代管机构主要是在政府与民间搭建桥梁和平台，积极配合国家推进传统体育文化的发展。同时，由于权利代管机构并无政府直接资助，因而，获得一定经济利益是该机构建立和发展的另一主要目的。由此，在保证有利于传统体育文化保护和传承的前提下，其应依法行使以下职责：积极贯彻落实保护措施、再创造和宣传等工作内容；所有通过合法、合理方式获得的相关经济利益，应向权利人分配使用费用；代管机构具有代为授权许可、拟定产权合同、民事诉讼、建立健全利益分配等职责；接受权利人的授权许可，从事传统体育文化的注册认定和商业开发。

第八章 传统体育文化传承与非物质文化遗产保护

传统体育文化的传承应该包括两部分，即物质的传承和非物质的传承。而传统体育是非物质文化的一种表现形式，所以其文化传承是一种非物质的传承。在传统文化中有不少属于体育范畴的非物质文化遗产已濒临灭绝，也有不少传统的体育内容正被人们遗忘在历史的角落，如传统的气功、开弓、顶蟠、石担、武术、捶丸、石锁、蹴鞠、角抵、毽子功、敦煌花架拳等已经或正在消失。虽然非物质文化遗产保护已成为愈来愈多人的共识，但是在体育界还存在非物质文化遗产保护的诸多问题。

第一节 非物质文化遗产及其保护

一、非物质文化遗产

（一）非物质文化遗产的概念

文化遗产是人们所承袭的前人创造的文化或文化的产物。联合国教科文组织的相关文件和国务院下发的《关于加强文化遗产保护工作的通知》，对文化遗产是这样界定的：文化遗产包括有形的物质文化遗产和无形的非物质文化遗产。物质文化遗产是具有历史、艺术和科学价值的文物，包括古遗址、古建筑、石窟寺、石刻、壁画、近代现代重要史迹及代表性建筑等不可移动文物；历史上各时代的重要实物、艺术品、文献、手稿、图书资料等可移动文物；以及在建筑式样、分布均匀或与环境景色结合方面具有突出普遍价值的历史文化名城（街区、村镇）。非物质文化遗产是指各种以非物质形态存在的与群众生活密切相关、世代相承的传统文化表现形式，包括口头传统、传统表演艺术、民俗活动和礼仪与节庆、有关自然界和宇宙的民间传统知识和实践、传统手工艺技能等以及与上述传统文化表现形式相关的文化空间。

《中华人民共和国非物质文化遗产法》在法律条文当中明确把传统体育作为非物质文化遗产的范畴。该法所称“非物质文化遗产”，是指各族人民世代相传并视为其文化遗产组成部分的各种传统文化表现形式以及与传统文化表现形式相关的实物和场所。关于这一概念，是总结我国现有的非物质文化遗产国情，同时并借鉴《保护非物质文化遗产公约》对非物质文化遗产表述的基础上提出的。根据非遗法的界定，我们可以认为传统体育非物质文化遗产的概念广义上是指各族人民世代相传的传统体育文化表现形式以及与其文化表现形式相关的实物和场所；狭义上是指各民族人民世代相传以“身体活动”为主体进行互动与意义表达，以“身传心授”形式进行传播的身体活动形式和知识。

（二）非物质文化遗产的基本特征

非物质文化遗产具有以下特征：

1. 无形性

无形性是非物质文化遗产的特殊特征，它指的是非物质文化遗产不占有任何具体的物理空间，只能为人们的感觉所感知，是看不见、摸不着的。例如，2008 年我国开始将“端午节”定为国家法定节日。这一国家级的非物质文化遗产，只是以一种节庆形式存在于人们的心中，虽然没有任何有形物质作为载体，但却是人们文化生活的重要组成部分。将非物质文化遗产的无形性特征作为一种有效的保护方式，才使其内容的丰富和文化的传承有了可能。

2. 活态性

活态性是非物质文化遗产的核心特征。非物质文化遗产依附于特定的国家、民族、族群、地区或者个人而存在和发展，是人类在历史演进过程中创造的文化成果。只有最大限度地保护其赖以生存的文化环境，才能保护其赖以传承的文化生态土壤，使非物质文化遗产得到更好的传承和延续。

3. 传承性

传承性是指非物质文化遗产是一种具体的文化形式，由各个群体或团体随着其所处环境、与自然的相互关系和历史条件的变化逐渐传承积淀下来。也就是说，非物质文化遗产只有经过历史的演进，承载人们厚重的精神寄托和文化品格，才能成为非物质文化遗产。只有这种保持非物质文化遗产的原生态环境，为其传承创造良好的氛围，才能使非物质文化遗产保护、延续、传承下去。

4. 实践性

实践性是指非物质文化遗产是人们在生产、生活实践中创造出来的，是一种表达人们喜庆、欢乐、悲哀、痛苦等情感的形式，凝结着各个群体或者团体的文化旨趣。要建立非物质文化遗产保护模式，构建非物质文化遗产保护制度，就必须以实践为基础，与人们的生产和生活实践相联系。

5. 开放性

开放性是指非物质文化遗产的传承和延续是随着历史的发展和时代的变迁而不断丰富发展的。以我们最熟悉的“春节”为例，在这一传统节日里，按照传统习俗，人们通常要进行着各种活动，如除灰尘、送灶神、放鞭炮、祭祖宗、贴春联、吃饺子、踩高跷、舞龙灯、走亲戚、串朋友等。但是，随着社会的进步、时代的发展，非物质文化遗产的内容也跟着发生了变化。受环境污染的影响，现在在春节期间放鞭炮是受到限制或禁止的，参与舞龙灯、踩高跷等活动的人也越来越少了；反之，增加了一些新的内容，如收看央视春节联欢晚会、集体团拜、看灯会等。

二、非物质文化遗产保护

（一）非物质文化遗产保护的内涵

非物质文化遗产保护是新时期推动我国特色社会主义文化建设的一项文化创新工程。非物质文化遗产保护的目的是维护文化多样性的存在。非物质文化遗产保护的基本方针是保护为主、抢救第一、合理利用、传承发展。所谓的保护为主是指对非物质文化遗产进行全面的必要的确认、立档、保存；抢救第一是指对濒危的非物质文化遗产着重进行挖掘、整理、抢救；合理利用是指要把一切积极的文化因子运用到文化建设中来，以服务中国特色社会主义建设；传承发展是指要采取积极措施，让一些优秀的文化遗产能得到创新和延续。总结起来，非物质文化遗产保护的基本方针可以理解为：在全面保护的基础上，突出重点，同时要进行创新与合理利用。各个群体和团体随着其所处环境、与自然界的相互关系和历史条件的变化，不断使这种代代相传的非物质文化遗产得到创新，同时使他们自己具有一种认同感和历史感，从而促进了文化的多样性和人类的创造力。

（二）非物质文化遗产保护的由来及其条件

在历史的长河中，人类用智慧和劳动创造了丰富的文化遗产。这些文化遗产凝聚着人类非凡的创造力、丰富的想象力，代表了不同历史时期的多彩文明，是人类文化历史发展中遗留下来的最璀璨的明珠。但是，当现代工业时代到来，为了追求经济利益的最大化，使自然和人文环境遭到破坏，世界文化遗产逐渐步入消亡的趋势，抢救与保护濒危的世界文化遗产工作迫在眉睫。

1972 年，联合国教科文组织颁布了《保护世界文化和自然遗产公约》，同年世界遗产委员会成立，专门负责批准世界遗产名单、确定和解除濒危世界遗产名单。公约的颁布，对文化与自然遗产的保护产生了不可估量的作用。这主要表现为两个方面：一方面，明确了文化和自然遗产的主要内容是文物、遗址、古建筑群。以及具有科学和审美价值的物质和生物结构或这类结构群组成的自然风貌；另一方面，有效地推动着世界各国对本国文化与自然遗产的抢救与保护工作。

联合国教科文组织颁布的《保护非物质文化遗产公约》，呼吁世界各国加强对非物质文化遗产的保护，并规定非物质文化遗产的定义是指被各社区实践、观念表述、表现形式、知识、技能及相关的工具、实物、手工艺和文化场所。非物质文化遗产的保护工作至此受到全世界的重视。

根据联合国教科文组织《人类口头和非物质遗产代表作条例》，非物质文化遗产需要具备五项具体条件：第一，其核心为文化传统或有关社区文化；第二，对民间的文化特征和有关的文化社区起肯定作用，同时对有关的群体起到文化和社会现实作用，并促使各民族和各社会集团更加接近；第三，具有开发技能；第四，对现代的传统具有唯一见证的价值；第五，由于缺乏抢救和保护手段，有的处于加速演变的过程中，有的趋向城市化，有的因适应新环境文化的影响而面临消失的危险。

经过五千年的历史发展，我国的人类文化遗产博大精深，物质文化遗产也好，非物质文化遗产也罢，它们都具有独特的特色和科学价值。到目前为止，我国共有以前多项文化、自然遗产被列入《世界遗产名录》。其中，中国的古琴、昆曲、木卡姆三项列入人类口头和非物质文化遗产代表作名录。由于种种原因，目前我国尚有更多民间文化或口头和非物质文化遗产有待于调查、整理、研究、抢救和保护。

第二节　传统体育文化遗产及其保护

我国传统体育是以增进健康、提高身体机能为目的的人类社会活动，是我国各族人民在长期的生产和生活实践中积累起来的传统体育文化，是中国传统文化的一个重要组成部分，是祖国重要的、宝贵的非物质文化遗产。

一、传统体育文化遗产的特征

传统体育文化遗产是一种活态人文遗产，具有活态性、民俗性、地域性、群体性等特征。如果一定的环境改变、传承人去世或传统体育文化被异化，某一项非物质文化就将消亡。如少林拳，如果没有能够表演的运动员，人们今天就只能从文献资料上加以解读；少林武术如果没有传承人，传统少林武术也就不复存在了。

（一）活态性

活态性是非物质文化遗产的最基本特性。“活”的本质表现在民族灵魂上，就是创造并传承它的那个民族（社群）在自身长期奋斗和创造中凝聚成的特有的民族精神和民族心理。非物质文化遗产的活态性主要表现为两个方面。第一，表现在这种文化创作主体的“活态”性。非物质文化遗产“活态”文化创造的主体主要包括非物质文化遗产中的传说、表述、表演者和传统工艺技能的操作者等。他们是最具有能动性的，并处于“活态”文化的核心地位。在不同时期、不同地域、不同场次或场景中，他们的表述、表演和技能操作都是一种新的创造。作为一种“身体文化”，传统体育文化的内涵是通过人的身体活动表现并传达出来的，更加直观，如武术中强调的“内三合，外三合”，实际上是要求由内在的心、意、气到外在的四肢、身体的各个部位都达到相互协调。第二，体现在其传承、传播过程以及这一过程中的变异与创新。这种变异、创新是内在、必然的，是由其内部因素——非物质文化遗产的性质决定的，是以不同传承者、享用者参与创造，展示出他们超个体智慧、能力的创造性的。非物质文化遗产作为一种抽象的文化思维，它存在于人们的观念且随着人们观念的变化而变化，如知识、技能、表演技艺、信仰、习俗、仪式等。此外，这种变异、创新还受到外部因素的影响。外在因素则表现为当这种文化遗产进入异时、异域、异族时，不变异、不创新就无法传承和流传，为发展需要而必需的变异、创新。随着各地区交往的增多和传播扩散，传统体育发生了变迁，在这种变迁的过程中逐渐形成了各地区传统体育相互交叉融合的局面。与此同时，随着各地区交往的逐渐扩大，部分传统体育活动中还出现了一些异质文化的色彩。随着各地区经济的发展，市场经济逐渐取代传统的自然经济。而在自然经济基础上发展起来的传统体育也必须适应这种经济的变革，只有适应了这种变革，传统体育才能更好地生存与发展。我国各地区的传统体育活动加起来有数百种，但受自然地理环境和人文地理环境的影响，有的项目没有得到广泛的传播，仅限于在地区中流传，甚至有的项目则在社会历史的变迁中逐渐消亡，如我国古代的投壶、捶丸等项目，在当时是多么的兴盛，上至皇族宗亲，下至平民百姓，几乎是一种国民运动，但由于种种原因，先后湮灭在历史的尘埃之中。保持活态的传承机制，是保护传统体育活动的关键。

（二）民俗性

以血缘关系为纽带的宗法制度是中国古代社会政治结构的主要特征。这种宗法制度是由农耕经济的特性所决定的，由原始社会氏族制下的血缘关系和祖先崇拜发展起来。在中国封建社会，在经济方面一直奉行的“重农抑商”“以农立国”；在政治上遵循以家族关系的血缘伦理与皇权至上的政治伦理高度统一的封建伦常关系。因此，许多传统体育活动多为按农业节气周期性祭祀祖先和祈福的民俗化礼仪，如春节的舞龙、舞狮，端午的划龙舟，重九登高等。

人类早期的体育活动不仅仅带有原始的、神秘的色彩，而且同婚姻、劳动等活动有着非常密切的联系。在我国一些地区，如音乐、舞蹈、体育竞技、游戏等活动多是附属于其他民俗事象之中的。如三月三抛绣球活动、花炮节、跳铜鼓舞……传统体育凭借其鲜明的特点和浓郁的乡土气息逐渐成为这些节日民俗活动中的一项重要内容并表现着不同的传统文化色彩。因此，从某种程度上来说，保护传统体育，就是拯救民俗文化。

（三）地域性

自古以来，我国逐渐形成了一个以小农经济为主的国度。这种以小农经营为主体的单一农业经济结构及有节律的农业生产周期，为农民提供了大量的闲暇时间从事家庭副业和手工业，从而形成了千万个以此经济结构为基础的自给自足的经济单位。传统体育文化正是在这种小农经济基础上形成的，因而具有较强的地域性。在那个以小农经济为主的时代，人们的生活方式主要是农耕、游牧和游猎三大类。不同的传统体育项目虽然有着不同的名称、内涵与起源传说，但是在形式上却有着惊人的相似性。例如，龙舟虽然在我国南北都有，但在不同地区被赋予不同的文化内涵和起源传说。按传统的说法，龙舟是为纪念爱国诗人屈原而发起的。南朝梁代的吴均在《续齐谐记》中写道："楚大夫屈原遭谗不用，是曰（指五月初五）投汨罗江死，楚人哀之，乃从舟楫挽救。端阳竞渡，乃遗俗也。"但一些史料表明：龙舟竞渡并不是单单为了纪念屈原，而且地区也很广泛。据《曹娥碑》记载，东吴一带的竞渡是为纪念伍子胥的；而贵州的苗族是为了纪念智慧、勇敢、贤明的岩洪鳖的；《越地传》记载竞渡起于越王勾践。又如摔跤，在我国不同地区就有不同的称谓，如蒙古族叫"搏克"、在维吾尔族叫"且里西"、在彝族叫"格"。从体育活动内容看，同为摔跤，但起源的民族不同，所表现的形式各异。因此，同一类项目带来的不同地域文化是保护工作中容易忽略的内容。

（四）群体性

与人类实践活动一样，传统体育非物质文化遗产是一种体现公共观念的集体行为。其创作往往是多个人共同完成的，是一种集体创作。传统体育文化遗产的群体性强调的是一种集体意识上的文化认同。任何一个民族都对自己的族群有一个特别的认同感，表现为自身与族群之间所具有的血缘上的联系，其次表现为自己与族群之间所具有的文化上的依附性。文化认同是一种观念思想的认同，在血缘上和所有文化习得上都深深打上了族群文化的烙印。作为人类族群之间内在生活中积累起来的共同娱乐方式——传统体育，有对自身族群存在的认同功能，而且这种认同功能表达得非常直观和富有建设意义。传统体育文化的认同是一种生存方式的认同，共同的节日习俗、共同的娱乐方式形成了共同的生活空间及生活方式，他们的生命纽带是完全联结在一起的。

从文化遗产的主体——创造者、享用者和传承者的角度来看，个人个性化的创造只有被加入集体传承和集体形态中，才有可能真正成为非物质文化遗产的有机组成部分。中华传统体育作为一种休闲娱乐和竞技活动，一直强调的是一种教育作用和社会整合作用。虽然各地区生活习俗和环境的不同，但被各地区人民赋予了不同的精神寄托和文化意境，有一点是相同的，即活动参与过程中都能感受到群体凝聚在一起的力量，产生一种归附群体的情感，人们会在合作中相互理解、彼此帮助、消除隔阂，利于族群、社会的稳定。传统体育活动是形成民族凝聚力的重要推动力。

二、传统体育文化遗产保护的原则

国务院办公厅在《关于加强我国非物质文化遗产保护工作的意见》中对非物质文化遗产保护工作的目标和基本原则作出了进一步的明确：目标是通过全社会的努力，逐步建立比较完备、有中国特色的非物质文化遗产保护制度，使我国珍贵、濒危并具有历史、文化和科学价值的非物质文化遗产得到有效保护，并得以传承和发展。基本原则是政府主导、社会参与、明确职责、形成合力；长远规划、分步实施、点面结合、讲求实效。

结合传统体育文化自身的特点，在保护工作中应做到以下几点：

（一）以人为本

马克思文化学理论认为，文化的本质就是“人化”，人是文化的主体，是文化目的的终极目标。因此，站在这个角度来看，非物质文化遗产保护的核心因素就是保护“人”，尤其是保护好那些创造、拥有、传承和研究非物质文化遗产的活生生的人。这是我们做好非物质文化遗产保护工作的关键所在。非物质文化遗产视野下的传统体育，其“精神内核”和“文化空间”的根本载体是人。而传统体育存在的根本意义在于为人这个主体服务，以人的满足为最高境界。

（二）保持原真性

原真性是定义、评估和监控文化遗产的基本因素。1964 年的《威尼斯宣言》对文化遗产的原真性也做了十分详细的诠释，明确表示它是真的、是原本的、它是忠实的。我们在保护中一定要注意文化遗产必须是一地原有的、一地所固有的文化，是有地域特色的原生态传统体育文化，并且原汁原味地延续和发展的产物。不能带经济的眼睛去看待，更不能因为一些传统体育项目经济效益大，就进行盲目的攀比和移植。受不同的地域环境、人们的生产生活方式、风俗习惯的影响，呈现出不同的传统体育文化形态。从某种程度上来说，如果脱离了地域环境，那么传统体育文化也就失去了其内在价值，北人善马、南人善舟指的就是地域环境对传统体育项目的培育。

（三）多样性

在我国，几乎每一个地区都有自己独特的传统体育活动，可见我国的传统体育文化遗产是极其丰富的。2006 年 5 月 20 日，国务院公布了第一批国家级非物质文化遗产名录（共计 518 项），这批名录包括十大类，分别是民间文学、音乐、舞蹈、戏剧、曲艺、杂技与竞技、美术、手工技艺、传统医药、民俗。其中，杂技与竞技类中的传统体育包括：天桥中蟠（北京市）、抖空竹（北京市宣武区）、回族重刀武术（天津市）、吴桥杂技（河北省吴桥县）、沧州武术（河北省沧州市）、陈氏太极拳（河南省焦作市）、邢台梅花拳（河北省邢台市）、杨式太极拳（河北省永年县）、沙河藤牌阵（河北省沙河市）、聊城杂技（山东省聊城市）、蹴鞠（山东省淄博市）、宁德霍童线狮（福建省宁德市）、维吾尔族达瓦孜（新疆维吾尔自治区）、少林武术（河南省登封市）、武当武术（湖北省十堰市）、朝鲜族跳板、秋千（吉林省延边朝鲜族自治州）、达斡尔族传统曲棍球竞技（内蒙古自治区莫力达瓦达斡尔族自治旗）和蒙古族搏克（内蒙古自治区），共 17 项。多年以来，我们都在强调文化的多样性，以寻求传统体育文化在世界体育文化中的位置。同样，在传统体育文化遗产的保护中，“多样性”亦是不容忽视的。现代经济学有一条著名的定律——“边际效用递减”定律，即消费者每增加消费一单位同样的商品，这种商品给他带来的满足程度的增加值随之递减。与此对应的是，现代经济学中还有另外一条规律：就是在满足程度差不多的情况下，消费者更倾向于多样化的选择。因此，如果传统体育文化失去了传统体育文化多样性，只是一些身体动作，那么人们迟早会对其失去兴趣的。文化传承与发展的载体是人，一旦人失去了兴趣，自然也就没有了传承与发展的动力。

(四) 生态化

生态化是指在保护传统体育文化遗产的工作中，尤其要注重保护文化遗产的活态性特征。这种“无形与有形的统一”“只见物，不见人，只见形，不见魂”的原始活态性问题不仅是传统体育文化遗产保护中最难解决的问题，同时也是非物质文化遗产保护中普遍存在的问题。因此，对它们的保护和开发，要坚持原生性和原汁原味，与此同时还要注意现代技术的参与、现代展示手段和营销方式的运用。21 世纪以来，各地的地方政府和民间逐渐开始重视传统体育，这主要表现为两个方面：一方面在积极发掘整理各种民间体育项目；另一方面又通过各种文化活动将这些项目公众化。重视传统文化的继承和发扬，重视文化在社会发展以及经济建设中的作用，积极开展申报世界文化遗产活动，这些工作对改善传统体育的生存环境无疑是有积极意义的。

(五) 精品保护

文化遗产与一般的文化事项不同，通常所指的是文化精品，是一个民族在长期发展过程中所创造并传承下来的。保护文化遗产，就是保护那些文化精品，而不是一个民族传统文化的全部。一个文化事项要想成为文化遗产，必须具有历史价值、艺术价值、科学价值和纪念价值。在具体的文化遗产保护工作中，应该根据文化遗产价值的高低，将文化遗产分为世界级、国家级、省级及市级，并施以不同等级的保护措施。作为非物质文化遗产保护的基本原则，保护精品是我们永远的追求。

(六) 濒危遗产的优先保护

文化遗产保护的终极目标是将人类历史上创造并传承至今的一切优秀文化遗产都尽可能全面地保护起来、传承下去。但受限于目前的国情国力，将所有的文化遗产都一味地保护起来是不现实的，也是不可能的，在这种情况下那些已经处于濒危状态的文化遗产就必须处于保护的优先地位，必须集中人力、物力、财力将它们及时而有效地抢救下来，为今后人类新文化的创造保留下更多的思路、更多的选择、更多的参考和更多的资料。目前，许多国家已经意识到了保护濒危遗产的重要性，“保护为主，抢救第一”也成为许多国家文化遗产保护工作者的共识。

第三节　传统体育文化非物质文化遗产的保护与发展

传统体育非物质文化是民族优秀传统的象征，是民族精神原始内核重要组成部分。但随着世界经济一体化的发展，尤其是快速发展的今天，许多传统体育文化已经或正在消失，保护和利用好传统体育非物质文化遗产，对于继承和发扬优秀文化传统、增强团结和维护国家统一、增强民族自信心和凝聚力、促进社会主义精神文明建设都具有重要而深远的意义。

一、传统体育文化非物质文化遗产保护的重要性

（一）文化全球化发展的需要

21 世纪的今天，文化全球化的发展要求世界各国的传统文化真正地融合于世界之中，要想达到文化全球化发展的和谐统一，我们就必须要保护好各地区传统文化。在全球化的过程中，我国体育文化要想促使中国传统文化在与西方文化交流时达到和谐统一，必须做好两方面的工作：第一，正确处理好西方体育文化冲击；第二，维持传统体育文化的固有结构。面对人类辉煌的历史和不可预知的未来，发展再也不能被看作一个单一的、直线型的路径。这场文化运动促使每个地区在对传统的思维框架进行反思，这场文化运动也坚定了各具特色的现代化之路。

我国传统体育深深地扎根中国这片广阔的地域，更多地反映了我国各族人民的真实文化需求，折射了不同地域的文化个性，吸引着其他国家对我们的传统文化进行了解、认同、借鉴。保护传统体育文化遗产，就是在坚持并发扬这些地域文化特色的同时向外界进行输出，避免与世界文化的交流与碰撞中被异化。

（二）构建和谐社会的需要

新的世纪，我国社会主义事业发展进入到构建社会主义和谐社会的重大时期。而传统文化遗产保护的核心理念在于和谐，因此从某种程度上来讲，保护传统文化遗产为和谐社会构建提供了精神来源，而和谐社会构建迫切需要传统文化的精髓——和合观思想来支撑和提供动力。传统体育产生于我国各族人民的劳动生活中，并在其特有的劳动生活模式中创造出了传统体育文化的价值取向——和谐，这一价值取向的观念始终贯穿于传统体育文化的思维模式与实践规范之中。保护传统体育文化，要以满足人民群众日益增长的体育文化需要为出发点，充分挖掘其文化内涵，发挥自身的“和谐”功能，为促进新农村建设服务。

（三）信仰维系的需要

信仰是人对世界的一种能力的把握，是一种辩证的动态运作过程，这种运作过程的周而复始构成了人类的信仰活动。这种信仰活动是在人类精神生活领域中占据核心地位的一种文化价值活动。具体表现为：对个人而言，它是个人行为的支柱；对国家而言，它构成国家政治意识形态的核心；对民族而言，它构成凝聚国民心智的民族精神。把传统体育作

为非物质文化遗产保护正是出于文化安全的需要。面对文化全球化大环境，如何认同传统体育文化，需要人们的选择、维护、创新和管理。

二、传统体育文化非物质文化遗产保护的困境

非物质文化遗产是历史的遗存，又与时代发展有着密切的联系，现实生活中可以找到它存在的痕迹，有的生命力还相当旺盛。非物质文化遗产的这些特点决定了它在现实的保护、传承与发展中不可避免地存在着众多的难题与困境。

（一）社会环境变迁中保护的有限性

对非物质文化遗产进行保护并不只是保护这一遗产本身，还必须连同它的存在、发展密切相关的生态环境一起加以保护。传统体育文化大多产生于传统社会，而流传于民间，尤其是较为封闭的地区。随着社会经济的迅速发展与交通通讯的发达，传统社会向现代文明社会发展，传统体育依赖的环境也在不断发展变化之中，但受传统社会观念的重大影响，使得部分传统体育文化难以为继，这为传统体育文化空间的保护提出了难题。

（二）缺少长远定位与规划

国家对于非物质文化遗产的保护需要对其进行必要的定位和规划，而不是一窝蜂地乱来。保护与传承固然重要，但利用与发展也不容忽视，这需要对非物质文化遗产及其相关的方面进行前瞻性的研究与预判，进而对传统体育作出总体性的长远规划。

比如，各级政府对传统武术“申遗”作出积极的响应与支持，“名录”背后隐藏着巨大的经济利益在一定程度起着不可估量的作用。在新世纪新的经济条件下，财产、金钱与注意力一起流动，国家级名录的效应开发文化产业与旅游产业的现象屡见不鲜。同时，名录申报成功后还可以从中获得大量的保护专项资金，这也是各级地方政府经济来源的一个重要途径。非物质文化遗产为传统武术的传承与发展开辟了一个崭新的领域，传统武术界应充分把握这一机遇，打破原有的发展空间和理念，作出总体性、长远性的规划，不能受短期的现实利益的影响而放弃，这是因为传统武术是我国人民共同创造的、不可多得的宝贵财富。

（三）传承主体的缺位

表面上看，政府在非物质文化遗产的保护中起着举足轻重的作用，项目的申报由政府主持，申报成功后也需要政府的各种支持，但非物质文化遗产的传承主体却不是政府，而是传承人，传承人是传承主体的典型代表。

然而，政府的参与却容易使非物质文化遗产的保护产生“变异”，从而造成“外行领导内行”的不合理局面，同时这也违背了非物质文化遗产的规律。传承主体在整个“申遗”中处于弱势地位，而且有时这种“申遗”或许就是“行政突击行为”，一般由县、市

一级文化部门组织地方专家进行取舍、论证，授权也只到乡镇一级政府。

这种政府主导、传承主体缺位的施予式保护现象，造成了我国传统体育文化在传承过程中，许多地方政府借保护之名干涉传承工作，而传承人与习练者的意志得不到有效表达，传承主体的地位和作用被漠视和淡化，传统体育文化的持有者在名录申报中处于“失语”的状态。在这种状态下，即使有些传统体育项目已经被列入国家级遗产保护范围，也得不到有效而合理的保护。所以，加强传承主体的地位，充分发挥传承主体的主观能动性，使之能真正参与到传统体育文化保护的实际工作中，才是目前我们应该解决的问题。

（四）传承效果缺少评估、反馈机制

国家级非物质文化遗产认定了，国家也投入了巨资，但这些非物质文化遗产对于繁荣、丰富人类生活和精神起到了怎样的作用，目前还缺少有效的机制对其进行评估。

已成功申报国家级非物质文化遗产的传统体育项目，应根据当今社会需求，大力拓展其生存空间和传承途径，而不能仅仅依赖政府的扶植和救助。在一段时期内，政府不仅要对列为国家级非物质文化遗产的项目进行评估，同时还要督促其开展传承活动，从而做到非物质文化遗产的保护能够真正地实现为人们服务、为社会服务的宗旨。此外，国家级非物质文化遗产项目也应履行其开展活动的情况、存在问题等向文化部门进行汇报的义务，从而更好地促进双方之间的沟通、合作与交流，为非物质文化遗产的保护工作的顺利开展做出应有的贡献。

三、传统体育非物质文化遗产保护的路径选择

（一）加强产生及传承环境的保护

非物质文化遗产离不开其产生和传承的环境，二者是不可分割的，物质文化往往是非物质文化的载体，因此对于“保护”的对象就有两个方面：一是非物质文化遗产本身、二是非物质文化遗产得以产生和传承的环境。传统体育常常产生乡村田野等场所，这些场所承载着传统体育文化的大量信息，根植于此的风土人情、传说故事、习练痕迹等无不传递着文化的信息，是传统体育文化得以栖息和传承的物质载体，对其进行原真性保护或者在保护文化遗产的前提下进行复原意义重大。

（二）加强长远规划与管理

传统体育非物质文化遗产的发展要具有详尽的规划，要全面把握其发展现状，杜绝地方任意申报，优先将濒临灭绝的体育项目纳入非物质文化遗产。传承人最好是一个团队，可以将传承人分为代表性传承人、第一传承人、第二传承人等传承梯队。传承人的确定和选择不仅要考虑其技能掌握情况、代表性、公信力、传承能力，同时传承人之间还应有合理的年龄间隔，从而建设一支合理、有效的传承人队伍。对于那些已经申报成功的国家级

非物质文化遗产项目，应建立评估、反馈机制，定期开展相关活动，将保护、传承、利用、发展四者有机地融合在一起，充分发挥非物质文化遗产的作用。另外，对于传承人的资助要以精神资助为主、经济资助为辅。同时，经济资助应以传承活动开展情况予以评判。

（三）传统体育的保护要制度化、法律化

立法保护是国际社会保护文化遗产的通常做法，也是最有效的保护手段之一。尽管我国已正式加入联合国《保护非物质文化遗产国际公约》，但由于种种原因，我国目前对于传统体育文化遗产的保护还没有专门性的法规条例，只有部分条文散见于各级体育法规中，《中华人民共和国体育法》第十五条指出：国家鼓励、支持民族、民间传统体育项目的发掘、整理和提高。

由此看来，我国的非物质文化遗产保护的法制条例建设，还十分薄弱。针对此问题，就要有针对性地建立传统体育文化遗产的法律法规体系，为传统体育文化遗产的传承与发展提供政策保障、法律支持。这些法律法规，必须包括地方性法规、行政和民事法规、综合性和单项性法规，只有这样才能使传统体育文化遗产更好地继承下去。我们还应该尽快健全自己的法律制度，从法律和制度的角度保护珍贵的非物质文化遗产资源，健全法律法规体系，包括全国性和地方性法规、行政和民事法规、综合性和单项性法规。

（四）建立传统体育文化遗产分级保护体系

传统体育项目种类繁多，分布在各地域，传统体育文化遗产的保护不仅忽略了很多项目，而且在地域上也受到诸多限制，针对这种现状，我们应该建立传统体育文化遗产的分级保护体系，要实行从中央到地方的分级（国家级、省级、市级、县级四级）保护的体系。国家级保护工作可由文化部牵头，体育总局和其他相关部委配合，由体育总局管理部门负责，承担起对国家级传统体育文化遗产的申报、评审、资助等保护工作。省、地、县级传统体育文化遗产保护工作则分别由相应的省、地、县级文化部门、体育局等相关部门配合，由体育局负责，承担起系列保护工作，各级保护体系部门要加强纵向和横向管理联系。各级体育部门要制定出相关的保护管理制度，做好对传统体育项目的认定、登记、指导工作。这种分级的保护体系，有利于有关部门的有序管理和开发，在一定程度上避免了“几不管”和“重复管理”的现象，不仅节约了人力资源，也大大缩减了整个文化保护体系的漏洞。

要做到对不同级别的传统体育文化遗产在分布状况、生存环境、开展状况、文化特色、保护现状、传承人员数量、习练群体数量及存在的问题等方面有一个全面的了解，必须积极主动地与各有关部门加强沟通与合作，同时需要鼓励、吸纳社会力量的广泛参与，充分发挥各方面的作用如科研院所、大专院校以及有关社会团体、个人等，调动全社会的积极性。在具体工作中，坚持以“政府主导、社会参与、明确职责、形成合力、长远规

划、分步实施、点面结合、讲求突破”为原则，社会各方面相互配合，把力量拧成一股绳，建立起职责明确、运转协调的工作机制，从而更好地保护传统体育文化遗产。

（五）加强传统体育文化中人的保护与关注

非物质文化遗产的最终主体是人。从根本意义上说，无形文化遗产的保护，首先应该是对创造、享有和传承者的保护。同时也特别依靠创造、享有和传承这一遗产的群体对此遗产的切实有效的保护。这说明要想对文化遗产进行切实有效的保护，创造、享有和传承这一遗产的群体是关键。这就要求我们在民间体育文化保护工作中，要秉着“以人为本”的精神，站在民众的角度出发，设身处地为民众着想，注意倾听当事者的声音，从而协调好各个方面的关系，认真做好分内的工作。

文化部已建立起了民族、民间文化传承人（传承单位）的认定和培训机制。这一培训机制通过采取资助扶持等手段，鼓励民族民间文化的传承与传播。要想做好民族民间文化传承工作，除了要提高民间体育艺人的社会地位外，还要给他们提供较为优厚的待遇、改善工作条件，为他们更好地传承文化做好基本工作。同时，要把传统体育作为一门课程纳入教学计划，特别是一些地区更应该根据区域优势，充分对当地民间体育课程资源进行挖掘，从而培养民族自豪感和民族自尊心，强化民族自我认同感和社会认同感，让更多的年轻一代积极投身于体育文化的挖掘、整理、传承与创新工作中。

（六）加强教育普及并纳入教育体系

教育是指一切能够增长人们知识，提高人们生存、生活技能，促进人们身心健康发展，影响人们的思想意识的活动。按照形式的不同，教育可分为家庭教育、社会教育、学校教育三种。人是文化延续的载体，教育是文化传承的重要途径和手段。教育的任务不仅仅在于文化的普及，同时还应包括专业人才的培养。

要做好文化遗产的保护工作，文化的普及是极为重要的一个方面。青少年是祖国的未来，应是文化普及的主要对象。传统体育文化遗产是我国文化宝库中的璀璨明珠，但是因为外来文化的影响以及我国对传统体育文化遗产方面的宣传力度不够等客观因素，现今许多国人对于传统体育文化遗产知之甚少。要想做好传统体育文化遗产的保护工作，最主要的就是进行传统体育文化遗产知识的普及，让大家都了解到底什么是传统体育文化遗产，其概念是什么、都有什么内容等。知识的普及，是保护传统体育文化遗产的一个重要基础。只有在全面普及的基础上才能使后续工作顺利进行。如果要做到传统体育文化遗产知识的真正普及，就必须把传统体育文化遗产知识纳入教育体系之中。因为学校教育是传播一种文化的最佳载体，特别是现代这一批急需得到传统文化教育的学生，把传统体育文化遗产知识纳入教育体系是一种典型的双赢。学生通过课堂上老师的讲解学到了传统体育文化遗产的知识，在提升自己文化水平的同时，自身也成了传统体育文化遗产的普及者与传播者，从而提高我们中华民族的整体素质。

然而，21 世纪的今天，受各种因素的影响，纵观我国高等体育院校和体育系现行的传统体育专业课程的设置，我们不难发现目前我国高等教育仍然处于知识普及的阶段，文化遗产保护的内容不见其踪影。当前，我们的文化遗产保护工作面临的虽然是具备了各种高科技的保护手段，但是缺乏理性的系统的非物质文化遗产的教育意识。因此，要想做好文化遗产的保护工作，我们不仅要积极地开展各种形式的非物质文化方面的教育活动，同时还要把传统体育文化遗产纳入教育体制，通过家庭、社会与学校等多种教育机制的有效结合，从而更好地把丰富而独特的民族非物质文化进行有效的、系统的、科学的传播，为进一步提高我们中华民族的整体素质打下坚实的基础。

（七）在保护的前提下合理利用与开发

非物质文化遗产需要在发展中生存，随着社会对非物质文化遗产的认可和关注度逐渐提高，其价值性也得以延伸。联合国《保护非物质文化遗产公约》第十三条鼓励缔约国采取适当的法律、技术、行政和财政措施，以便建立非物质文化遗产文献机构并创造条件促进对它的利用。客观地说，抢救与保护非物质文化遗产是一项庞大的系统工程，需要耗费大量的人力、物力和财力，而对其进行经济开发确实不失为一种筹资方式。保护和利用好非物质文化遗产，对实现经济社会全面、协调、可持续发展具有重要意义。但是，对非物质文化遗产的开发和利用应该建立在客观保护的基础之上。

参考文献

[1] 赵元罡，陶坤. 民族传统体育［M］. 北京：北京工业大学出版社，2020.

[2] 谢松林. 民族传统体育及其活态传承研究［M］. 延吉：延边大学出版社，2020.

[3] 徐永峰. “一带一路”沿线民族传统体育文化的发展探究［M］. 北京：中国纺织出版社，2020.

[4] 谢明川作. 民族传统体育文化的继承保护与创新发展研究［M］. 北京：中国纺织出版社，2020.

[5] 梁田作. 高校民族传统体育教学模式的创新性研究［M］. 长春：吉林人民出版社，2020.

[6] 戴金明. 全球化语境下民族传统体育文化传播与国家形象塑造研究［M］. 长春：东北师范大学出版社，2020.

[7] 高威，殷妍妍. 传统体育运动教程［M］. 南京：南京大学出版社，2020.

[8] 王和鸣. 民族传统体育文化在大学生体育健康教学模式中的融合与发展［M］. 北京：北京工业大学出版社，2019.

[9] 戴金明，梁世君，张蕊. 民族传统体育文化导论［M］. 北京：中国纺织出版社，2019.

[10] 李志良. 民族传统体育文化的传承研究［M］. 哈尔滨：哈尔滨工业大学出版社，2019.

[11] 赵秋菊. 中华民族传统体育文化研究［M］. 北京：人民体育出版社，2019.

[12] 王如镇. 少数民族传统体育的文化维度探究［M］. 北京：中国原子能出版社，2019.

[13] 朱荣军. 民族传统体育发展与实践研究［M］. 北京：北京工业大学出版社，2019.

[14] 张杰. 高校民族传统体育教学研究［M］. 长沙：中南大学出版社，2019.

[15] 史文锋. 民族传统体育探究与健身实践［M］. 长沙：中南大学出版社，2019.

[16] 宋迪涛. 民族传统体育传承与和谐社会构建［M］. 北京：九州出版社，2019.

[17] 王斌. 少数民族传统体育可持续发展研究［M］. 北京：新华出版社，2019.

[18] 梁华伟. 基于全民健身的民族传统体育项目研究［M］. 长春：吉林人民出版社，2018.

[19] 田祖国，郭世彬. 民族传统体育［M］. 长沙：湖南大学出版社，2018.

[20] 董霞. 民族传统体育教学 [M]. 长春：吉林大学出版社，2018.
[21] 巩清波，熊华宇，江泛. 民族传统体育概论 [M]. 哈尔滨：东北林业大学出版社，2018.
[22] 孙涛，廖勇胜. 民族传统体育研究 [M]. 北京：现代出版社，2018.
[23] 崔乐泉. 中国民族传统体育学 [M]. 北京：科学出版社，2018.
[24] 王佳. 民族传统体育文化理论与创新研究 [M]. 哈尔滨：哈尔滨地图出版社，2018.
[25] 张忠. 民族传统体育的现代化发展研究 [M]. 长春：吉林大学出版社，2018.
[26] 黄莹仪，高耀武，杜秀磊. 民族传统体育文化的多维分析 [M]. 北京：中国书籍出版社，2018.
[27] 张辉. 民族传统体育传承与发展模式研究 [M]. 北京：人民体育出版社，2018.
[28] 米雄辉. 民族传统体育发展与健身项目研究 [M]. 北京：九州出版社，2018.
[29] 冯宏伟. 民族传统体育与现代社会的融合发展 [M]. 北京：中国商业出版社，2018.
[30] 汗雄. 民族传统体育文化的多维审视 [M]. 北京：九州出版社，2018.
[31] 曾丽玲，丁南杰，袁玉鹏. 民族传统体育文化发展与传承研究 [M]. 北京：中国原子能出版社，2018.
[32] 韦军. 民族传统体育健身与运动康复研究 [M]. 长春：东北师范大学出版社，2018.
[33] 林芸，张文哲. 民族传统体育项目教学研究 [M]. 徐州：中国矿业大学出版社，2018.
[34] 苏航. 民族传统体育文化传承创新研究 [M]. 南昌：江西科学技术出版社，2017.
[35] 薛文忠. 民族传统体育文化与研究生体育健康教育研究 [M]. 长春：吉林大学出版社，2017.
[36] 薛文忠. 当代武术与民族传统体育专业人才培养模式 [M]. 长春：东北师范大学出版社，2017.
[37] 张宏磊，李正燕. 民族传统体育 [M]. 北京：九州出版社，2017.
[38] 钮力书. 民族传统体育项目教程 [M]. 北京：九州出版社，2017.
[39] 廖勇胜，邵源. 民族传统体育健身研究 [M]. 北京：中国戏剧出版社，2017.
[40] 孔军. 民族传统体育传承与发展研究 [M]. 北京：人民体育出版社，2017.
[41] 王有凤. 民族传统体育文化发展与应用研究 [M]. 北京：中国原子能出版社，2017.